KB211634

다른 길

박노해 사진에세이

다른 길

티베트에서 인디아까지

느린걸음

우리 인생에는
각자가 진짜로 원하는 무언가가 있다
나에게는 분명 나만의 다른 길이 있다

그 길 이 나 를 찾 아 왔 다

　그렇게 시작됐다. 나의 유랑길은.

　한 시대의 끝간 데까지 온몸을 던져 살아온 나는, 슬프게도 길을 잃어버렸다. 나는 이 체제의 경계 밖으로 나를 추방시켜, 거슬러 오르며 길을 찾아 나서야 했다. '앞선 과거'로 돌아 나오고자 하는 기나긴 유랑길이었다.

　오래된 만년필과 낡은 흑백 필름 카메라 하나를 들고 내가 가 닿을 수 있는 지상의 가장 멀고 높고 깊은 마을과 사람들 속을 걸었다. 내가 찾아간 마을들은 공식 지도에 없는 곳이 대부분이었다. 현장에서 나는 하루에도 몇 번씩 길을 잃어버리곤 했다.

　이 세계의 지도가 선명하고 첨단일수록 길은 하나뿐인 길. 그렇게 오래되고 다양한 삶의 길들은 무서운 속도로 잊혀지고 삭제돼가고 있었다. 어느 아침 나는 지도를 던져버렸다. 차라리 간절한 내 마음속의 '별의 지도'를 더듬어가기로 했다.

　막막함과 불안과 떨림의 날들. 난 모른다. 언제였는지. 어디서 왔는지, 어떻게 왔는지 나는 모른다. 길을 잃어버리자, 그 길이 나를 찾아왔다. 아주 오래 전부터 누군가 나를 부르고 있었다. 지도에도 나오지 않는 길에서 만난 그 땅의 사람들이 나의 살아있는 지도였고 나의 길라잡이였다.

눈부시게 진보하는 세계와 멀어져 사람들 눈에 띄지도 않는 험난한 곳에서 자급자족의 삶을 이어온 전통마을 토박이들. 자신이 무슨 위대한 일을 하는지 의식하지도 않고 인정받으려 하지도 않고, 인류를 먹여 살릴 한 뼘의 대지를 늘려가고자 오늘도 가파른 땅을 일구어가는 개척자들.

인간이기에 '어찌할 수 없음'의 주어진 한계를 기꺼이 받아들이고 인간으로서 '어찌할 수 있음'의 가능성에 최선을 다해 분투하면서, 우리 삶은 '이만하면 넉넉하다'며 감사와 우애로 서로 기대어 사는 사람들.

역사에도 기록되지 않고 마치 한번도 존재하지 않았던 사람들처럼 잊혀지고 무시되고 있지만, 이들이야말로 그 누구보다 이 세상 깊숙이 자리를 차지하고 있다. 이들이야말로 이 세계를 떠받치고 있는 지구인류 시대의 진정한 '삶의 전위'이다. 어느 날 이들이 사라지고 나면 우리 삶의 지경地境과 인간 정신은 단번에 그만큼 줄어들고 숨 막혀 오리라.

역사상 가장 풍요롭고 똑똑하고 편리해진 시대에 스스로 할 수 있는 인간 능력을 잃어버리고 모든 걸 돈으로 살 수밖에 없는 무력해진 세계에서, 그들은 내 안에 처음부터 있었지만 어느 순간 잃어버린 나 자신의 모습이다.

조용한 시간, 내 마음 깊은 곳의 소리를 듣는다. '지금 이대로 괜찮은 걸까?' '나, 어떻게 살아야 하나?' 나는 실패 투성이 인간이고 앞으로도 패배할 수밖에 없는 운명이겠지만, 내가 정의하는 실패는 단 하나다. 인생에서 진정한 나를 찾아 살지 못하는 것! 진정으로 나를 살지 못했다는 두려움에 비하면 죽음의 두려움조차 아무것도 아니다.

우리 인생에는 각자가 진짜로 원하는 무언가가 있다. 나에게는 분명 나만의 다른 길이 있다. 그것을 잠시 잊어버렸을지언정 아주 잃어버린 것은 아니다. 지금 이대로 괜찮지 않을 때, 지금 이 길이 아니라는 게 분명해질 때, 바로 그때, 다른 길이 나를 찾아온다. 길을 찾아 나선 자에게만 그 길은 나를 향해 마주 걸어온다.

나는 알고 있다. 간절하게 길을 찾는 사람은 이미 그 마음속에 자신만의 별의 지도가 빛나고 있음을. 나는 믿는다. 진정한 나를 찾아 좋은 삶 쪽으로 나아가려는 사람에게는 분명, 다른 길이 있다.

'무력한 사랑'의 발바닥 하나로 써온 이 유랑노트가, 그대 삶이 흔들릴 때마다 작은 위로와 용기가 되어주기를. 이미 오래 전부터 그대를 초대해온 그이들과 함께 내 마음의 순례길을 걸어가 보자. 한 걸음 다른 길로. 한 걸음 나에게로.

2014甲午년 2월 1일
박노해

차례

INDONESIA

신생新生을 부르는 화산의 선물 세계에서 가장 많은 화산이 있는 '불의 땅' 인도네시아. 화산은 두려움과 동시에 비옥한 대지라는 선물을 준다. 최고의 커피인 '아체 가요 마운틴'의 향기가 흐르고, 아시아 최대의 열대산림이 숨쉬고, 1만 8천여 섬들이 별처럼 수놓아진 나라. 이 풍요로운 땅에서 다양한 민족이 어우러져 세계에서 네 번째로 많은 인구가 살아간다. 식민 지배와 군부 독재, 소수민족의 독립운동까지 격동의 역사가 흘러갔지만, 대지에 뿌리박은 야생의 힘으로 깊은 상처만큼 강인한 재생의 힘을 간직하고 있다. 재앙만 같은 화산 폭발이 신생의 대지를 선물하듯, 시련을 딛고 나만의 길을 찾아갈 때 걸음마다 '불꽃의 만남'이 이루어지리라.

Pananjakan, Probolinggo, East Java, Indonesia, 2013.

칼데라의 아침

브로모 화산이 하얀 입김을 날리며 깨어나는 아침.
태초의 시간인 듯 또 하루의 삶이 주어지면
탱거르인들은 산정에 올라 아침 기도를 바친다.
자신들이 맨손으로 일궈온 계단밭과 마을에 새겨진
삶의 터무늬를 자부심에 찬 눈빛으로 바라보며
아이들에게 성실한 노동과 우애의 역사를 들려준다.
인생의 좋고 나쁜 일들은 시간의 강물로 사라지지만
내 삶의 터무늬와 내 안에 새겨진 내면의 느낌은
신생新生의 아침처럼 언제나 새로운 경이로 빛나리라고.

Ngadisari village, Probolinggo, East Java, Indonesia, 2013.

라당의 여인들

올해는 감자 수확이 좋지 않지만
라당의 여인들은 우울해하지 않는다.
무거운 짐을 지고 가파른 밭을 오르내리면서도
소녀처럼 경쾌한 목소리로 노래하고 대화한다.
"좋을 때도 있고 나쁠 때도 있는 거죠.
풍년에는 베풀 수 있어 좋고
흉년에는 기댈 수 있어 좋고
우리는 그저 사랑을 하고 웃음을 짓는 거죠."

Ngadisari village, Probolinggo, East Java, Indonesia, 2013.

마당에 모여 앉아

가장 가난하여 가장 높은 곳에 살아가지만
정결하고 단아한 살림 솜씨가 빛나는 집이다.
하루 일을 마치고 노을이 물든 마당에 모여 앉아
수확한 감자와 갓 볶아내린 향긋한 커피를 마신다.
"아이가 자라서 라당의 농부가 되면 좋겠어요.
밭을 밟고 오르며 농사짓는 건 몸이 좀 힘들 뿐이지만
남을 밟고 오르는 괴로움을 안고 살아갈 수는 없지요.
늘 마음의 평화를 누리며 살았으면 좋겠어요."

Sukapura village, Probolinggo, East Java, Indonesia, 2013.

화산의 선물

세계에서 화산火山이 가장 많은 나라
인도네시아는 풍요로운 '불의 땅'이다.
화산은 두려움과 선물을 동시에 준다.
화산이 폭발한 자리에 탄생한 비옥한 대지는
혁명 같은 격동이 준 위대한 선물이다.
"우리는 화산의 선물로 살아가고 있으니
　나 또한 누군가의 선물이 되어야겠지요."
　저 높고 깊은 곳의 농부는 허리 숙인 노동으로
이 무너지는 세상을 묵묵히 떠받치며
　자신의 등을 딛고 인류를 오르게 하는
　빛의 디딤돌만 같다.

Cipeundeuy, Bandung, West Java, Indonesia, 2013.

지상의 가장 아름다운 건축

이곳 소농들은 동그란 자연의 곡선을 깨지 않는다.
기계가 아닌 물소와 사람의 손으로만 비탈을 깎고
찰흙을 다져 층층이 백 수십 겹의 계단논을 창조해냈다.
그 어느 신전보다 위대하고 아름다운 건축물,
후손에게 물려주는 최고의 문화유산이 아닌가.
세계의 토박이들은 오늘의 도시 문명과 인류의 밥상을
떠받치고 있는 피라미드 밑돌과도 같은 존재이다.
이 지상의 작고 힘없고 가난한 이들이 무너져내리면
지금 우리가 딛고 선 세계는 여지없이 무너지리라.

Gayo Mountain, Takengon, Central Aceh, Sumatra, 2013.

리아르 가요 커피 농부 가족

어젯밤도 이 마을에 호랑이가 나타나 송아지를 물어갔다.
세계 최고의 커피라 불리는 '아체 가요 마운틴 커피'는
수마트라섬의 높은 청정 지대에서 생산된다.
그 중에서도 이 가요족 커피 농부 가족은 대대로
순수 야생의 리아르 전통 농법을 지켜오고 있다.
매일매일 잘 익은 커피 알을 일일이 손으로 골라 따고
껍질을 벗겨 맑은 물에 씻고 햇살 마당에 말린 후,
장작불로 볶고 나무 절구에 빻아 커피를 내린다.
싱싱한 야생의 기운과 맛을 한껏 머금은
리아르 가요 커피 향기가 절로 눈을 감게 한다.

커피 체리를 딸 때마다

이곳 토착민인 가요족 전통 모자를 쓴
마르야나⑳와 세 남매는 엄마 아빠를 따라
리아르 가요 커피 농사를 이어가겠단다.
"증조할머니가 심은 이 나무는 백 살이 넘었어요.
 하얀 커피 꽃이 피고 꿀벌이 날고 꽃잎이 떨어지면
 빨간 커피 체리 안에 녹색 커피 생두가 반짝여요.
 제 손으로 커피 체리를 딸 때마다 저 안개 너머에
 커피잔을 들고 미소짓는 누군가를 떠올리곤 해요."
내가 마시는 커피를 만드는 최초의 인간,
 토박이 커피 농부들에게 경배를!

Bener Meriah, Central Aceh, Sumatra, 2013.

아체 카페의 바리스타

부드럽고 진한 가요 마운틴 커피 향이
자욱이 풍기는 아체 시내의 오래된 카페.
한쪽에선 싱싱한 푸른 생두를 볶아내고
그 곁에선 커피콩을 갈아 비단망에 듬뿍 넣고
아체 특유의 방식으로 커피를 내려준다.
춤사위처럼 우아한 바리스타의 몸놀림은
진한 아체 커피 향을 더욱 향기롭게 한다.

Ngadas village, Malang, East Java, Indonesia, 2013.

땅에 대한 믿음으로

오늘은 감자 심는 날.
라당의 농부들이 지난해 거둔 가장 좋은
씨감자를 한 점 한 점 정성스레 심어간다.
씨알을 심는 농부는 기다림을 산다.
기다림은 씨앗이 땅에 심기었다는 믿음,
지금 무언가 시작되었다는 믿음,*
어둠 속 대지에서 하루하루 커나간다는 믿음.
나에게 진정 간절한 기다림이 있는가.
우리에게 미래는 없다. 오직 희망만이 있을 뿐.*

Podokaya village, Tosari, East Java, Indonesia, 2013.

관계만 튼튼하면

수확 때를 놓치면 감자는 썩어 간다.
안개비가 내리자 이웃들이 달려 나와
일손이 달리는 과부네를 도와준다.
어려울 때 달려와 주는 이웃이 있다는 건
그 어떤 보험보다 듬직한 언덕이 된다.
위험 가득한 세계에서 우리는 누군가에게
기대고 의지할 수밖에 없는 존재이다.
내 영혼이 발 딛고 평온할 수 있는 곳은
내 곁에서 함께 길을 걷는 그대가 아닌가.

천연설탕 아렌

아렌 설탕은 맛이 좋고 건강에 좋아 널리 애용된다.
소년 시절부터 야생 숲을 누비며 살아온 우딘(60).
십 미터가 넘는 나무를 타고 올라 수액을 받아내고
서서히 달여 아렌 설탕을 가내생산해왔다.
인도네시아에는 자연이 길러준 것들을 거두어
채취경제로 살아가는 사람들이 많이 있다.
약 1만 년 전 농경정착을 시작하기 전까지
인류는 수십만 년 동안 수렵채취로 살아왔다.
우리 삶에서 정말 소중한 것은 다 공짜다.
나무 열매도 산나물도 아침의 신선한 공기도
눈부신 태양도 샘물도 아름다운 자연 풍경도
인간에게 없어서는 안 될 것들은 다 공짜다.

Surangga, Sukabumi, West Java, Indonesia, 2013.

고산 차밭의 여전사들

비 내리는 차밭에서 잡목을 치며 나아가는
날랜 칼 놀림이 대지의 여전사들만 같다.
할머니 손에서 어머니 손으로
어머니 손에서 딸들의 손으로
식구들의 목숨을 살려온 정결한 칼.
죽임의 칼이 아닌 살림의 칼.
칼날이 빛나고 신성해지는 곳은
오직 논밭과 도마 위이리라.

Puncak, Bogor, West Java, Indonesia, 2013.

찻잎을 따는 이마스

네덜란드의 식민 지배 때 조성된 푼짝은
아시아 최대의 차 생산지다.
시선의 끝까지 굽이치는 장대한 산정 차밭에는
퍼렇게 멍든 역사와 노동자들의 눈물이 어려있다.
새벽 안개와 찬 이슬에 온몸이 흠뻑 젖어가며
찻잎을 따고 있는 이마스(22)의 한 달 벌이는 3만 원.
이곳에서 태어나 소녀 때부터 노동을 해왔다.
그런데 이마스는 어떻게 저럴 수 있을까.
어떻게 저런 표정 저런 평정일 수 있을까.
이마스는 어떻게 저런 아름다운 슬픔일 수 있을까.

Karang Mulya, Tasik Malaya, West Java, Indonesia, 2013.

둥그란 동네 기업

야생 나무를 채취해 갈아 말린 사구 녹말가루는
죽이나 푸딩, 국수, 케이크를 만드는 건강식으로 쓰인다.
인도네시아 기본 식품들은 주로 동네 기업에서 만들어진다.
큰 자본이 투자되는 첨단 자동 기계 설비가 아니라
수확을 끝낸 논바닥에 대나무를 꽂아 설비를 갖추고,
마을 사람들에게 농한기 일자리를 제공하고
무엇보다 서로 믿고 먹을 수 있는 '얼굴이 있는' 생산이다.

Lake Tawar, Takengon, Central Aceh, Sumatra, 2013.

하늘 호수의 고기잡이

하늘빛이 맑은 물에 그대로 비쳐
'하늘 호수'라 불리는 타와르 호수.
아버지는 고기를 잡고 아들은 낡은 배의 물을 퍼낸다.
아버지와 아들은 고요한 호수처럼 말이 없어도
서로의 몸짓에 의지하며 서로를 깊이 느끼는 듯하다.
부모란 이렇듯 아이와 한배를 탄 좋은 벗이 되어
그저 '믿음의 침묵'으로 지켜보고 삶으로 보여주며
이 지구별 위를 잠시 동행하는 사이가 아니겠는가.

Ngadisari village, Probolinggo, East Java, Indonesia, 2013.

가장의 걸음

산정 외딴집의 가장이
자신이 기른 묵직한 양배추를 지고
십 리 길 아랫마을 장터로 나간다.
어깨는 무거워도 사랑이 가득 담긴
아내와 아이의 배웅을 등에 받으며
맨발로 내딛는 가장의 걸음에는
할 일을 다한 자의 당당함이 실려 있다.

Madura Island, East Java, Indonesia, 2013.

소를 떠나보내며

오랜 시간 함께 살아온 소를 떠나보내는 날.
소년 시절부터 초원에서 소를 길러온 할아버지는
소에게 미안하고 고맙고 안쓰러워서인지
침잠한 얼굴로 자꾸만 눈길이 젖는다.
가축家畜이란 정든 식구와도 같은 것.
주인의 마음을 아는지 소는 울음도 없이 묵연하다.

River Cidamar, West Java, Indonesia, 2013.

전통 방식의 고기잡이 안쪼

강물이 먼 길을 돌아 바다와 만나는 곳에서
전통 방식의 고기잡이 안쪼가 한창이다.
순전히 대나무의 탄력과 사람의 체중을 이용해
십여 미터나 되는 그물을 부드럽게 들어 올려
물고기를 잡는 놀라운 토착기술이다.
대나무를 엮어 만든 뗏목배 위에는
일하다 쉴 수 있는 작은 집도 지어놓았다.
돈으로 살 수 있는 능력은 적어도
스스로 할 수 있는 능력이 큰 사람들.
창조란 가장 단순한 것으로
가장 풍요로운 삶을 만들어내는 것이고
최고의 삶의 기술은 언제나
나쁜 것에서 좋은 것을 만들어내는 것이다.*

River Cidamar, Garut, West Java, Indonesia, 2013.

강의 품에 안겨서

바다로 이어지는 찌다마르 강.
한쪽에서는 자기 집을 지을 강돌을 모으고
한쪽에서는 빨래를 하고 목욕을 하고 세차를 하고
강만 보면 뛰어드는 아이들은 물장구를 치며 논다.
이것이 본래의 살아있는 강이다.
강에서 몸이 멀어지면 내 몸속의 강물도 말라간다.
강물은 바람에 날리는 꽃잎과 삽을 씻는 농부와
첨벙대는 아이들과 여로의 땀에 젖은 그대를
제 가슴에 품고 씻겨주고 소생시키고 싶어한다.

Pamekasan, Madura Island, East Java, Indonesia, 2013.

벌거숭이 아이들

아이들이 뛰노는 모습이야 어디서나 흐뭇하지만
인도네시아 아이들이 뛰노는 모습은 특별히 감동이다.
이 땅은 네덜란드와 일본의 350년 식민지 나라,
그들은 저항운동의 싹부터 말리고자
초등학교부터 아예 운동장을 만들지 못하게 했다.
독립저항의 주체인 몸 자체에 전족을 해버린
세계사에서 찾아보기 힘든 잔인한 책략이다.
브랜따 항구 갯벌에서 벌거숭이로 뒹구는 아이들.
아이들은 동무들과 마음껏 뛰놀고 마음껏 잠자고
마음껏 꿈꾸도록 그저 자유의 공기 속에 내비두면 된다.
자기 안에 이미 온전한 무언가를 다 품고 있으니.

Blang Ktemba village, Bireun, Aceh, Sumatra, Indonesia, 2013.

야자나무 숲의 동네축구

축구의 꽃은 동네축구에 있다.
펠레도 마라도나도 메시도 호날두도 박지성도
다 골목축구에서 탄생한 별들이 아닌가.
축구는 축구 자체로 즐거운 것.
우리는 이겼다, 우리는 졌다,
그러나 우리 모두는 즐겁다.*
지구마을 어디서나 아이들은 공 하나만 있으면
배고픔도 슬픔도 이겨내고 웃음꽃을 피워낸다.
공은 둥글다. 지구는 둥글다.
우리들 내일은 둥글다.

Indralayang village, Caringin, Garut, West Java, Indonesia, 2013.

심심한 놀이터

마을마다 있는 공용지는 아이들의 놀이마당.
나무토막을 모아 자기들만의 오두막을 짓고
진흙으로 살림 도구를 만들고 들꽃을 따다 요리를 하고
지금 막내는 밥을 짓는다고 후우후우 불을 지핀다.
염소도 병아리도 함께 놀고 있다.
이 아이들에겐 TV도 게임도 인터넷도 없지만
심심하게 비워진 흙마당에서 이리저리 궁리하며
날마다 자신들만의 새로운 놀이를 창조해낸다.
너무 재밌어진 세상에서 우리 조금 더 심심해지자.
그래야 친구를 부르고 내 안의 창조성이 발동할 테니.

Gunung Gelap, Pameungpeuk, Garut, West Java, Indonesia, 2013.

아빠의 '시간 선물'

수확을 마친 농부 아빠가 아들과 놀아주고 있다.
"이 의자는 아이가 처음 말하던 날 만든 것이구요
이 목마는 아이가 첫걸음마 하던 날 만든 것이구요
오늘은 대나무를 깎아 새장을 만들어 줄 거예요."
아빠가 아이에게 주었던 것은 '시간의 선물'.
사랑은, 나의 시간을 내어주는 것이다.
먼 훗날 한숨지으며 내 살아온 동안을 돌아볼 때
'아 내가 진정으로 살았구나' 생각되는 순간은
오직 사랑으로 함께한 시간이 아니겠는가.
그 시간을 얼마나 가졌느냐가 그의 인생이 아니겠는가.

Ulee Lheue village, Banda Aceh, Sumatra, Indonesia, 2013.

파도 속에 심은 나무가 숲을 이루다

2004년, 쓰나미가 아체 주민 수십만 명을 쓸어갔을 때
가장 먼저 해일이 덮치고 가장 처참히 파괴된
울렐르 마을은 거대한 폐허의 무덤이었다.
당시 스물다섯 살 청년 사파핫은 바닷물 속에
홀로 손가락만 한 바까오 나무를 심고 있었다.
"이 여린 바까오 나무가 지진 해일을 막아줄 순 없겠지만
자꾸 절망하려는 제 마음은 잡아줄 수 있지 않을까요."
무릎을 꿇고 나무를 심던 그는 끝내 파도처럼 흐느꼈다.
8년 만에 다시 찾아온 나는, 그만 무릎을 꿇고 말았다.
그 가느란 바까오 나무가 파도 속에 자라나 숲을 이루었고,
사파핫은 오늘도 붉은 노을 속에 어린 나무를 심고 있었다.
절망의 바닥에서 자라나지 않은 건 희망이 아니지 않느냐고,
파도는 끝이 없을지라도 나는 날마다 나무를 심어갈 거라고.

Ulee Lheue village, Banda Aceh, Sumatra, Indonesia, 2013.

맨몸으로 세운 항구

삶과 죽음을 온몸으로 겪은 울렐르 마을 청년들이
작은 배와 야자수 기둥과 맨몸의 협동만으로
파도 속에 마을 항구를 세워가고 있다.
"쓰나미가 가족도 집도 항구도 쓸어갔지만
그래도 아체 바다는 우리의 유일한 삶터입니다.
우리가 사랑한 이들을 영원히 간직하고선
오늘도 말없이 우리 곁에 흐르고 있네요."
절망의 밑바닥에 세워가는 희망의 기둥.
우정은 절망보다 강하다.
희망은 패배보다 강하다.
사랑은 죽음보다 강하다.

Ajee Cut village, Banda Aceh, Sumatra, 2013.

아체 고아들의 저녁 기도

아체의 구석에 자리한 누룰 후다 고아원은
고아로 자란 가이아 여사와 우편 배달부인 남편이
버려진 아이들을 우편 가방에 하나둘 담아오면서 세워졌다.
2005년, 70명의 아이 중 24명이 쓰나미 고아였고
아체 독립운동과 가난으로 부모를 잃은 아이들이었다.
너무 많은 고아를 자신의 가슴에 품고 젖 물려온
가이아 여사는 가슴에 생긴 암으로 앓다가
내가 떠난 지 사흘 만에 숨을 거두고 말았다.
8년 만에 만난 아이들은 훌쩍 자랐고, 150명으로 늘었다.
"아버지 어머니 어디에 있나요. 보고 싶고 안기고 싶어요.
무덤이라도 있다면 꽃을 바치고 기도를 드려야 할 텐데….."
아직도 자신만 살아남은 것을 죄스러워하는 아이들이
긴 세월 참아왔던 울음을 깨물며 저녁 기도를 바친다.

Pananjakan, Probolinggo, East Java, Indonesia, 2013.

칼데라를 달릴 때

화산이 폭발하고 산맥이 솟구치고 검은 하늘이 열리고
칼데라에 물이 고이면 신생의 대지가 탄생한다.
지구의 한 점에 시원始原의 시간이 도래하는 것이다.
달려도 달려도 끝나지 않을 것만 같은
고원의 분지 칼데라. 이곳에선 누구든
자기 안의 장엄하고 숭고한 그 무언가 꿈틀댄다.
괜찮다 다 괜찮다, 내 품에서 울어라 화산처럼 울어라,
칼데라는 상처 난 나를 품어주며
내 안에 잠든 다른 나를 일깨운다.
우리 삶도 사랑도 혁명도 한 번은 화산 폭발처럼
깨끗이 불사르고 무너지고 첫마음으로 돌아가야만
다시 소생하여 다른 길로 나아갈 수 있지 않겠느냐고.

Jetak village, Probolinggo, East Java, Indonesia, 2013.

지구의 입김 속에 씨앗을 심다

화산 지대의 날씨는 하루에도 몇 번씩 급변한다.
안개 속에 잠겼다가 폭우가 쏟아지다가
태양이 눈부시다가 금세 찬 서리가 내리친다.
그러나 농부는 날씨를 탓하지 않는다.
어떤 날도 소중한 인생의 시간이기에
내 안에 고스란히 모시며 할 일을 해나갈 뿐.
대지에 피어오르는 안개는 지구의 푸른 입김,
농부의 이마에 맺힌 땀방울은 인류의 왕관이니.
지금, 저 안개 속에 무언가 꿈틀거리며 탄생하고 있다.

PAKISTAN

내 마음에 만년설산 하나 품고 지구상에서 빛나는 만년설 봉우리를 가장 많이 품고 있는 나라. 만년설은 흘러내려 인더스 문명의 시원을 이루었고 위대한 간다라 문명을 꽃피웠다. 예전에는 천국이라 불리던 땅, 지금은 지옥이라 불리는 땅. 폭음 속에 긴장이 흐르는 '국경의 운명'과 홍수와 지진의 재난, 국경을 접한 아프가니스탄 분쟁까지 더해 어디에도 희망을 찾아볼 수 없는 슬픈 파키스탄. 그러나 모든 것이 무너져도 영혼이 무너지지 않는 한 결코 무릎 꿇릴 수 없는 것이 인간이다. 높고 춥고 험난한 땅에서도 굳센 인내심으로 노동하고 기도하고, 자급자립의 전통을 지키는 사람들. 나 또한 어둠이 내려와도 빛나는 만년설산 하나 가슴에 품고 가야 하리.

On the way to Gilgit from Mansehra, Pakistan, 2011.

인더스 강 상류의 '하늘길'

지구 행성에서 가장 멀고 깊고 거친 땅 파키스탄.
그리하여 신은 이곳에 고귀한 것을 숨겨두었으니,
만년설은 흘러내려 인더스 문명의 시원을 이루었고
실크로드를 따라 위대한 간다라 문화가 꽃피어났다.
'하늘길'을 걸어 인더스 강 상류로 거슬러 올라가는 새벽,
만년설산 아래 오래된 마을들이 깨어나기 시작한다.

On the way to Gilgit from Mansehra, Pakistan, 2011.

길 위의 생

까마득히 높고 가파른 벼랑 위의 실크로드.
혜초와 구도자들이 목숨 걸고 걸었던 길.
상인과 군사들이 몸을 떨며 걸었던 길.
인간은 알 수 없는 먼 곳에서 와서
알 수 없는 먼 길을 찾아 걷다가
바람에 날리는 꽃잎처럼 길 위에서 죽는 것.
따뜻한 둥지를 버리고 날아가는 새처럼
다시 새벽에 길 떠나는 사람 하나
새로운 인간의 길을 열어갈지니.

Nasirabad village, Northern Areas, Pakistan, 2011.

구름이 머무는 마을

눈부신 만년설산의 품에 안긴 작은 마을.
이곳은 너무 높고 너무 춥고 척박한 땅.
구름도 고개 돌려 잠시 머물다 길을 떠난다.
손수 지은 흙집에서 사과 농사를 짓는 부부는
"나라와 부모를 선택해 태어날 수는 없지요.
사람으로서 '어찌할 수 없음'은 기꺼이 받아들이고
그 안에서 '어찌할 수 있음'은 최선을 다하는 거지요."
화롯불을 피워 따뜻한 차와 미소를 건네고
가슴에 만년설 봉우리 하나 품고 가라며
빨간 사과 한 보따리를 안겨 주신다.

Gulaghmuli village, Northern Areas, Pakistan, 2011.

힌두쿠시 고원의 양을 치는 부부

저 힌두쿠시 산맥을 넘으면 아프가니스탄이다.
오늘도 미군의 무인폭격기는 차가운 폭음을 울리며
아이들의 몸을 가르고 가족의 생사를 갈라놓는다.
아직 걷지 못하는 어린 양을 품에 안은 어머니는
"이 어린 양도 제 어미와 동무들과 떨어지면 안 되지요.
가족을 떨어뜨리고 이웃을 갈라놓는 것은
그것이 무엇이든 선한 일이 아니지요."

Durnak village, Northern Areas, Pakistan, 2011.

하늘 다리

가난한 사람들은 한 뙈기의 경작지를 찾아
강 건너 비탈을 개척해 마을을 이루었다.
애써 세운 다리는 홍수로 번번이 쓸려나가고
주민들은 궁리를 모아 '하늘 다리'를 만들었다.
허공의 쇠줄 한 가닥에 걸린 생은 위태로워 보이지만
밧줄을 당겨 나아가는 삶의 의지는 힘차기만 하다.

Lowshan village, Northern Areas, Pakistan, 2011.

햇밀을 빻는 물레방앗간

만년설산에서 흘러내린 물줄기로 돌리는
수백 년 된 전통 물레방앗간 뺀차끼.
맷돌이 힘차게 돌며 햇밀을 곱게 빻아준다.
집에서는 어머니가 황토 화덕에 불을 피워 놓고
구수한 햇밀가루를 들고 올 가족을 기다리겠다.

On the way to Chitral from Shandur Pass, Pakistan, 2011.

귀갓길의 양떼들

순백의 만년설산이 오렌지빛으로 물들면
딸랑딸랑 귀가하는 양들의 방울 소리가
고요하던 산맥길을 활기차게 울린다.
마을 흙집에는 하나둘 등불이 켜지고
저녁 빵을 굽는 연기가 모락모락 피어오른다.
이 산 저 산에서 홀로 양을 치던 소년 소녀들은
귀갓길에 모여들어 다정한 이야기를 나눈다.

짜이가 끓는 시간

하루에 가장 즐거운 시간은 짜이가 끓는 시간.
양가죽으로 만든 전통 풀무 마시키자로 불씨를 살리고
갓 짜낸 신선한 양젖에 홍차잎을 넣고 차를 끓인다.
발갛게 달아오른 화롯가로 가족들이 모여들고
짜이 향과 함께 이야기꽃이 피어난다.
탐욕의 그릇이 작아지면 삶의 누림은 커지고
우리 삶은 '이만하면 넉넉하다'.

Yasin village, Northern Areas, Pakistan, 2011.

삶의 행진

인더스 강 상류 삼각주 마을에 열세 가구가 살아간다.
강바람에 흔들리는 나무다리는 손을 잡고 건너야 한다.
오일장을 보러 가는 부부들이 손을 잡고 건너고
강 건너 학교 가는 아이들이 손에 손을 잡고 건너고
풀을 뜯고 돌아오는 양들이 줄지어 다리를 건너간다.
수천 년 흘러온 인더스 강물 위로
오래된 삶의 행진은 오늘도 이렇게 이어진다.

Bam Khel village, Swabi, Khyber Pakhtunkhwa, Pakistan, 2011.

파슈툰족의 원로회의 '지르가'

아프가니스탄과 파키스탄에 걸친 광대한 영토에서
오랜 세월 씨뿌리고 양을 치며 살아온 파슈툰족은
알렉산더도 영국도 소련과 미국조차 물리치며
이 땅을 '제국의 무덤'으로 만들어온 강인한 민족이다.
7백 년 전통의 파슈툰족 원로회의 지르가는
주민을 대표하는 직접 민주주의 마을 정부이다.
지르가의 결정은 마을 구성원도 따르고 국가도 존중한다.
외부인으로서는 처음으로 초청받은 자리.
35명의 지르가 원로들은 삶에서 우러나온 지성으로
경청과 토론을 통해 전원 합의로 최선의 결정을 내린다.

Mardan, Khyber Pakhtunkhwa, Pakistan, 2011.

104

공기놀이

파슈툰 소녀들이 공기놀이에 빠져있다.
인류에게 가장 오래된 놀이인 소녀들의 공기놀이는
섬세한 손놀림으로 열매를 따고 새알을 채취한 데서 왔다.
아이들아, 너는 이 지구별에 놀러 왔단다.
더 많이 갖기 위한 비교경쟁에 인생을 다 바치기엔
우리 삶은 너무나 짧고 소중한 것이란다.
너는 맘껏 놀고 기뻐하고 사랑하고 감사하라.
그리고 네 삶을 망치는 모든 것들과 싸워가거라.
인생은 수고受苦의 놀이터이니 고통받기를 두려워 말고,
고통을 공깃돌 삼아 저마다의 삶을 누리며 행복하라.

Mardan, Khyber Pakhtunkhwa, Pakistan, 2011.

영원하라 소녀시대

파슈툰 여자들은 사춘기에 접어들면 부르카를 쓴다.
일 종류도 공간도 성별性別 구분이 주어지고
다른 남자에게 얼굴을 보이는 건 금기시된다.
거친 유목 전통에서 여성 존중과 보호를 위해 생겨났으나
현대의 급여노동 사회에서는 성차별로 작용하기도 한다.
곧 있으면 부르카를 쓰게 될 소녀들이 힘차게 뛰어논다.
누가 뭐래도, 영원하라 소녀시대여!

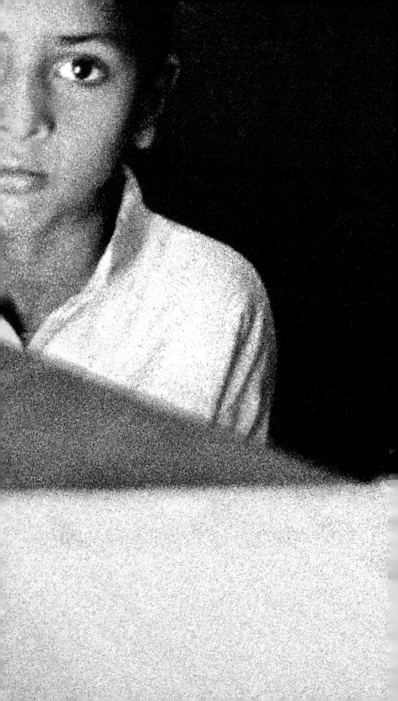

Drosh, Khyber Pakhtunkhwa, Pakistan, 2011.

코너에 몰린 생의 아이들

미군의 폭음과 홍수가 휩쓸고 간 오지 마을.
영하의 추위에 난로도 외투도 양말도 없고
책걸상도 공책도 칠판도 선생님도 없다.
자습이 끝나자 늘 허기져 눈만 큰 아이들이
품에 싸온 제 몫의 감자 한 알을 나에게 내민다.
아, 이 아이들을 어찌할 것인가.
지구의 벼랑 끝, 막다른 코너에 몰린 생의 아이들.

파슈툰 소년의 눈동자

10년 넘게 계속되는 미국의 침공 속에 자라난
파슈툰 아이들은 눈빛부터 다르다.
한 생에 겪을 고통과 비극을 다 보아버린 눈동자.
만년설산이 들어박힌 저 푸른 눈빛, 아니 푸른 불꽃.
부모를 잃은 어린 가장인 알람샤를 안아주자
만년설이 녹아내리듯 소리 없이 긴 눈물을 흘린다.
나는 한번만이라도 이 아이들의 웃는 모습과
소리 내어 우는 모습을 보기를 바랐다.
눈물 젖은 아이들의 눈동자에서 나는 신神을 본다.
거대한 성전이 아닌 이 눈동자에서 신神을 만난다.

Dohak Baba Fakheer village, Punjab, Pakistan, 2011.

아기 버끄리를 안은 소녀

아침에 일어난 소녀가 맨 먼저 하는 일은
어린 버끄리들을 꼬옥 안아주는 일이다.
아픈 데는 없는가, 젖은 잘 먹었는가, 소녀는 금세 안다.
"우리 동네 버끄리는요, 제가 안아주면 나아요.
 많이 아픈 애들은요, 밤에 안고 자면 다 나아요."
어디 동물뿐이겠는가. 수많은 고통 중에서도
가장 큰 고통은 나 홀로 버려져 있다는 느낌,
아무도 나를 원하지 않고 사랑하지 않는다는 느낌이다.
세상을 다 가졌어도 진정 사랑이 없고 우정이 없다면
인생은 아무것도, 아무것도 아니다.

Sargodha, Punjab, Pakistan, 2011.

이드 축제날의 '셋 나눔'

'네 형제의 배고픔을 나누어라'.
라마단 금식이 끝나면 이슬람 최대 명절인
이드 알 피트르 축제가 시작된다.
한 대지에서 한 식구로 살아온 소와 양을
모스크와 들녘에서 기도를 바친 후 잡는다.
사람의 살과 피가 되기 위해 희생되는 동물에게
공손한 예를 표한 뒤 손수 잡는 '선한 육식'이다.
고기를 잡은 후에는 세 바구니로 나눈다.
한 바구니는 자기 가족을 위한 몫이고
또 한 바구니는 친지들을 위한 몫이고
나머지 한 바구니는 가난한 이웃의 몫으로
'셋 나눔'의 잔치를 실천하는 것이다.

Dohak Baba Fakheer village, Punjab, Pakistan, 2011.

가슴 저린 인간의 손

파키스탄의 전통 마을 파키르에는
황량하고 거친 원시의 풍경이 끝없이 펼쳐진다.
사막화로 물이 마르고 땅이 마르고 나무가 죽고,
전기도 없고 수도와 도로도 없고 의약품도 없어
50가구가 살던 마을에 모두 떠나고 8가구만 남았다.
가난한 주민들은 머리를 맞대고 흔하게 널린
갈대를 수확해 그 돈으로 나무를 심어가기로 했다.
나무가 숲을 이루면 물이 모이고 지력이 살아나고
조상 대대로 살아온 마을을 지킬 수 있으리란 믿음이다.
낫 한 자루를 들고 키를 넘는 억센 갈대를 베어 묶느라
쩍쩍 갈라지고 깊이 베인 상처투성이 손바닥.
총구에 맞서 나무를 심어나가는 맨손의 전사들.
나는 그렇게 가슴 저린 인간의 손을 본 적이 없다.

Dohak Baba Fakheer village, Punjab, Pakistan, 2011.

공동 우물에서 생명수를 긷다

마을에 물이 마르자 주민들은 힘을 모아 우물을 파고
버려진 깡통으로 전통을 개선한 물수레를 만들었다.
끝없는 황무지에서 이 우물 하나 살리는 것은
거대한 성전을 세우는 것만큼 지난한 일이다.
이곳 황무지 마을에서 물은 그저 H_2O가 아니다.
하늘과 땅에서 사람 목숨으로 이어져 흐르는
성수聖水, 성스러운 생명의 물이다.
아침 햇살에 오빠가 물수레를 돌려주면
소녀는 감사의 마음으로 정성껏 물을 담는다.

Gujranwala, Punjab, Pakistan, 2011.

쌀과 총

'다섯 줄기의 강'이라는 뜻을 가진
끝이 보이지 않는 비옥한 곡창 지대 펀자브.
페르시아, 아랍, 영국도 탐을 내던 지역이다.
소작농들 주위에는 대지주들이 고용한
무장 경호원들이 총을 들고 감시 중이다.
독점하는 자는 어디서나 총구에 의지하고
독식하는 자는 언제나 불안에 떨 수밖에 없다.
정직한 쌀에는 총이 필요없다.

Lahore, Punjab, Pakistan, 2011.

아빠 한 번 나 한 번

마드라사에서 1등을 하다 집안이 가난해
스스로 학교를 포기한 아이가 벼 타작을 한다.
가르치지 않아도 아빠의 몸짓을 보고
금세 리듬에 맞춰 능숙하게 해낸다.
"제가 제일 닮고 싶은 사람은 울 아빠예요.
제 동생들도 절 닮고 싶다고 하면 좋겠어요. 하하."
학교를 그만둬도 아이는 비참해하지 않는다.
공부는 학교에서만 할 수 있는 게 아니지 않느냐며
씨익, 앳된 얼굴에 맺힌 구슬땀을 닦는다.

Dohak Baba Fakheer village, Punjab, Pakistan, 2011.

밀밭의 빵 굽는 시간

파란 밀싹이 힘차게 돋아나고
은빛 억새꽃이 바람에 날릴 때
직접 씨뿌려 거둔 햇밀을 빻아
멋진 손 반죽 리듬으로 화덕에 굽는다.
노랗게 익어 부풀어 오른 로띠를 꺼내면
지상에서 가장 건강하고 맛있는
갓 구운 빵 냄새가 그윽이 퍼져나가고
아이의 입가에는 흐뭇한 미소가 번진다.

Peshawar, Khyber Pakhtunkhwa, Pakistan, 2011.

아프간 난민촌 소녀의 꿈

파키스탄에는 160만의 아프간 난민이 살고 있다.
국경 인근의 유서 깊은 페샤와르는 '꽃의 도시'라는 뜻인데
지금은 '총의 도시'가 되어 하루걸러 총성과 폭음이다.
고향에서 피난 올 때 엄마가 품고 온 어린나무에
소녀는 매일같이 물을 주며 귀향의 날을 기다린다.
"아프간 제 고향으로 꼭 초대할게요.
달콤한 석류랑 포도랑 살구 케이크랑 듬뿍 먹고
우리 함께 파란 하늘에 연을 날려요.
이 나무가 제 키만큼 자라면 꼭 돌아갈 수 있겠죠?"
아, 기다림은 산을 넘고 강을 건너 만리길도 걸어간다.

Peshawar, Khyber Pakhtunkhwa, Pakistan, 2011.

132

집시 아이들의 벽돌 노동

동트기 전부터 일어나 벽돌을 찍는 아이들.
이 벽돌은 색이 곱고 단단해 널리 수출된다.
흙이 다 되면 또 어디론가 이주를 한다.
흙을 짓이기고 뭉치고 벽돌 틀에 찍어도,
찍어도 찍어도 희망이 싹트지 않는 날들.
이 지상에 자신의 집 한 칸 없는 집시 아이들이
누군가의 집을 위해 끝도 없는 벽돌을 찍고 있다.

Mardan, Khyber Pakhtunkhwa, Pakistan, 2011.

가난한 형제의 힘

얼음장같이 차가운 강물에 말을 몰고 들어가
가슴까지 잠긴 채 강모래를 건져 올린다.
뼛속까지 떨리는 노동의 하루 벌이는 1만 원.
서른 살이 넘으면 하반신 마비가 오기 일쑤다.
온몸이 젖은 청년은 아침 기도를 올린 뒤
동생들이 가져다준 식은 빵과 짜이를 마신다.
둘째는 말을 살피고 막내는 얼어 떠는 형을
제 작은 몸으로 녹여준다고 꼬옥 감싸 안는다.

Dir, Khyber Pakhtunkhwa, Pakistan, 2011.

어린 양을 등에 업고

며칠 전에 태어난 어린 양을 등에 업고
양떼를 몰고 멀리 풀밭을 찾아가는 길이다.
"이 아이는 아직 풀도 못 먹고 잘 걷지도 못하지요.
어미 젖을 먹이고 햇살도 바람도 먹여야지요.
이 녀석들 모두 이렇게 제가 업어 기른 양들이랍니다."

Bumburet Kalasha Valley, Khyber Pakhtunkhwa, Pakistan, 2011.

칼라샤 여인의 걸음

파키스탄에서 가장 규모가 작은 소수민족 칼라샤.
1970년대 외부에 알려질 때까지 힌두쿠시 산맥 안에서
수천 년 동안 고유한 전통 문화를 유지하며 살아왔다.
높고 깊은 산비탈에 돌과 나무와 흙만을 이용해
미로 같은 골목과 계단으로 이어진 집을 짓고 산다.
보통 남자보다도 큰 키의 칼라샤 여인들은
손수 만든 화려한 긴 치마에 왕관 같은 모자를 쓴 채로
옥수수를 수확하고 나뭇짐을 지고 집안일을 능란히 해낸다.
험난한 땅에서 힘든 일을 하면서도 세상을 다 거느린 듯
느릿느릿한 곧은 걸음으로 우아한 기품을 잃지 않는다.

Barsat village, Gaguch, Pakistan, 2011.

내가 살고 싶은 집

높고 깊은 산맥에 소중히 숨겨진 가쿠치 마을.
흰 만년설과 푸른 하늘과 붉은 흙집과 노란 나무가
저마다의 색깔로 빛나는 가을날.
남자들은 산 위에서 야크를 치고 땔감을 구하고
여인들은 양털을 자아 옷감을 짜고 빵을 굽는다.
따사로운 가난마저 고르게 빛나는 마을.
단순하고 단단하고 단아한 작은 흙집.
마음까지 환해지는 내가 살고 싶은 집.

Gujranwala, Punjab, Pakistan, 2011.

144

나무 아래 이발소

계절의 바람과 태양의 조명을 온몸에 받으며
흐르는 강물처럼 느긋한 마음으로 이발을 한다.
이 나무 아래 이발소는 23년이 되었다.
"제가 이 지역 우체국장이고 은행장이고 구급대장이죠.
늘 이 자리에 있으니 사람들이 급한 일을 부탁하곤 해요.
스무 살 때 일자리가 없어 시작한 일인데
정성으로 꾸준히 하다 보니 신망을 얻어 감사하죠.
작았던 나무가 이렇게 굵고 키가 자란 것처럼요."

Nasirabad village, Northern Areas, Pakistan, 2011.

아름다운 배움터

한 자리에서 11개의 만년설산을 볼 수 있는 마을.
봄이면 살구꽃 자두꽃 앵두꽃이 만발하고
가을이면 노란 포플러잎과 빨간 사과가 마을을 물들인다.
맑은 햇살이 비추고 신선한 바람이 불 때면
아이들은 답답한 교실이 아니라 대자연 속에서 배운다.
지식 경쟁의 제도화에 얽매이기 이전의
마을 속 학교는 아름다운 삶의 배움터다.

Dohak Baba Fakheer village, Punjab, Pakistan, 2011.

밀밭 사이로 '걷는 독서'

햇살이 부드럽게 기울 때쯤이면
누비아(15)는 당나귀에게 풀을 먹이며
밀밭 사이로 '걷는 독서'를 한다.
들꽃의 향기와 밀싹의 숨결과 새의 노래가
낭송의 음경音景 속에 가만가만 스며든다.
책 속으로 걸어 들어가 삶을 읽고 세계를 읽고
자기 내면에 쓰여진 비밀스런 빛의 글자를
몸의 여행으로 읽어나가는 '걷는 독서'.

Sargodha, Punjab, Pakistan, 2011.

자장자장 우리 아가

오렌지 향기는 바람에 날리는데
세상에서 가장 평온한 엄마 품에 안겨서
자장자장 노래에 스르르 잠이 든다.
토닥토닥 자장가 소리가 들려오면
밤의 어둠도 무섭지 않았네.
비바람 몰아쳐도 두렵지 않았네.
자장자장 우리 아가, 잘 자거라 우리 아가,
세상에서 가장 욕심 없는 그 노래를 들으며
나는 우주의 숨결 따라 깊은 잠이 들었으니.

Cholistan Desert, Pakistan, 2011.

촐리스탄 사막의 유목민

인디아 국경과 맞닿아 있는 파키스탄 최대 사막
촐리스탄의 데라와르 성城 마을에 밤이 내린다.
"우리는 막막함을 가꾸며 살아요.
막막한 땅에 씨를 뿌리고 양을 치고
낙타를 기르고 아이를 낳고 울고 웃다
막막한 모래바람 속으로 사라지는 거죠."
사막의 삶은 고단함이고 막막함이다.
한낮에는 태우고 밤중에는 얼리는 기후,
모든 것을 집어삼키는 모래폭풍과 잔인한 약탈자들,
물이 마르고 풀이 마르면 또다시 떠나야 하는 생.
그러나 막막함이 사라지고 나면 숨막힘뿐이기에
사막의 맛을 알아버린 자, 그저 막막함을 가꿔갈 뿐.

Gulaghmuli village, Northern Areas, Pakistan, 2011.

가시 면류관을 두른 나무

만년설산 높은 자리에 나무 한 그루를 심어 기르는 일은
하나의 투쟁, 긴 호흡의 치열한 투쟁이다.
열 번을 심어 겨우 한 그루가 살아난다.
어린나무를 짐승의 이빨로부터 보호해주기 위해
일일이 날카로운 가시넝쿨을 둘러쳐주었다.
세계에 가득한 탐욕의 공기가 내 안까지 파고드는 시대.
나는 날마다 원칙과 고독의 가시우리를 단호히 두르리라.
하지만 세계의 햇살과 바람이 자유롭게 드나들게 하리라.
그렇게 '참사람의 숲'을 이루어 빛의 통로를 열어가리라.

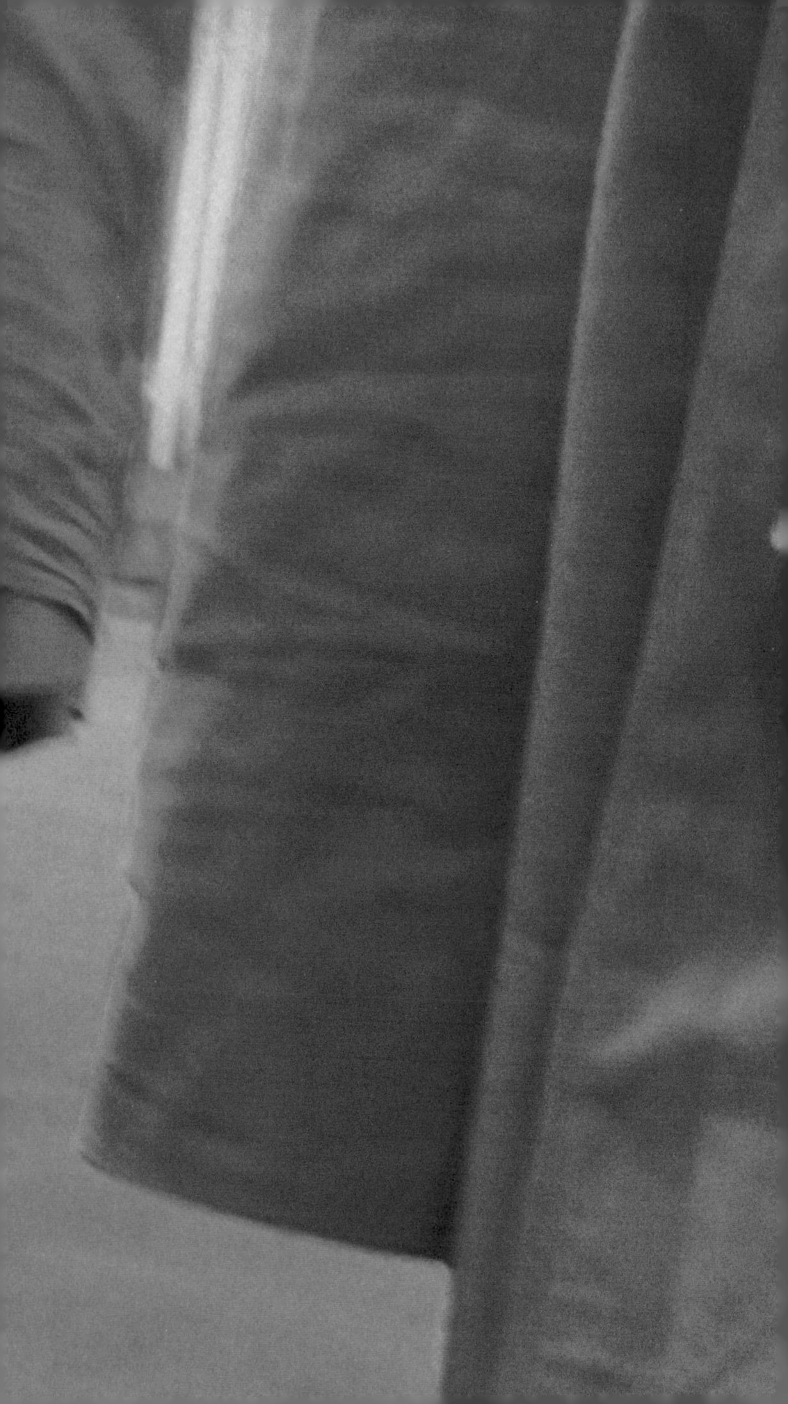

LAOS

저 높고 깊은 곳의 농부들 산과 물의 나라 라오스. 메콩강이 여
명의 숨을 쉬면 짙은 운무 속에 푸르스름한 산맥이 장엄하게 일어
선다. 아름다운 자연 풍경과 순박한 심성을 지켜온 나라, 오렌지빛
가사를 입은 승려들의 탁밧 행렬이 불자들의 가슴을 비추는 나라.
그러나 라오스는 베트남 전쟁 당시 미군이 떨군 세계 최대 규모의
불발탄이 '전쟁의 슬픔'으로 묻혀 있는 대지이기도 하다. 라오스의
고산족들은 오늘도 가파른 화전밭에 서서, 인류를 먹여 살릴 한 뼘
의 농지를 맨손으로 넓혀가고 있다. 길을 걷다가 한계에 부딪혀 돌
아서고 싶을 때, 꾸역꾸역 자신의 지경地境을 넓혀가라고 격려하는
저 높은 곳의 농부들을 만나 다시 살아갈 힘을 건네받기를.

Luang Prabang, Laos, 2011.

루앙 프라방의 탁밧 행렬

라오스의 아침을 깨우는 건 승려들의 탁밧 행렬이다.
검푸른 여명 속에 줄지어 나타난 오렌지빛 가사는
불자들의 가슴에 신성한 태양의 빛을 일깨운다.
길바닥에 무릎을 꿇은 사람들은 밥을 바치고
맨발의 승려들은 삶의 현장에서 민생을 살피고
그 고통을 민감하게 헤아리며 화두로 삼는다.
승僧과 속俗을 엄격히 분리하되,
하루 한 번 밥을 통해 승과 속은 하나가 된다.

Pakmong, Luang Prabang, Laos, 2011.

아침 안개 속의 라오스 여인

짙은 운무 속에 태양이 떠오르면
푸르스름한 산맥들의 장엄하고
신비로운 풍경이 끝도 없이 펼쳐진다.
오늘은 비와 바람과 태양이 길러준
대지의 선물을 허리 숙여 거두는 날.
우리는 태양을 직접 바라볼 수 없다.
태양으로 길러지고 빛나는 것으로만 확인될 뿐.
사랑 또한 볼 수 없고 단지 느낄 수 있을 뿐이다.
그 사랑으로 우리는 '덕분에' 살려지고 있으니.

Ban Moxoxang, Phongsali, Laos, 2011.

한 뼘의 땅을 만들기 위해

'산의 나라' 라오스는 경작할 만한 평지가 적다.
가난한 사람들은 더 멀고 깊은 곳으로 밀려나고
더 높이 더 높이 올라가 '고산족'이라 불린다.
험하고 울창한 숲 속에 자리를 잡고
3월부터 불을 지피고 나무뿌리와 돌을 캐내고
층층이 계단밭을 쌓고 물길을 찾아내면
6월에나 씨를 뿌릴 수 있다.
인류를 먹여 살리는 논밭은 애초에 이런
화전火田 개간 노동으로 이루어진 것이다.
한 뼘의 논밭을 이루기 위해 분투하는
고산족의 모습은 처절한 고지전高地戰만 같다.

Akha Phixor village, Ban Phapoun Mai, Phongsali, Laos, 2011.

마을의 성소 '종자 싹' 보관소

고산족 마을 어디서나 보이는 이 중심 자리엔
한 생을 마친 오백 년 된 고목이 솟아 있는데
그 머리에는 다음 생을 이어갈 종자 싹이 트고 있다.
짐승들이 종자를 먹어치울까 봐 그리했겠지만 내겐
희망의 싹을 모시는 종묘사직의 성소처럼 느껴진다.
결실은 아래로 고르게 나눠져야 하지만
고귀한 종자는 높은 곳에 두어야 한다.
높은 곳은 더 춥고 가난하고 고독할지라도
빛나는 태양과 별들이 그를 품고 단련해주는 곳.
그리하여 마침내 낮은 땅에 씨뿌려져
대를 이어가는 새 희망이 되는 것이리라.

Akha Phixor village, Ban Phapoun Mai, Phongsali, Laos, 2011.

내 손으로 집 짓는 날

식구가 늘어나 집을 늘려 짓는 날.
기분 좋은 부인은 도와주는 이웃들에게
먹을 것을 들고 다니며 고마움을 전하고
남편은 물담배를 피우며 기운을 돋운다.
뜨거운 지열과 습기와 맹수로부터 안전하기 위해
한 층을 비우고 한 층 높게 짓는 지혜의 건축.
살던 집과 새 집은 나무다리가 연결한다.
집이란 이렇게 사고 파는 부동산 가치가 아니라
내 삶의 무늬를 새기며 오래될수록 아름다워지는
지상의 단 하나뿐인 기억과 소생의 장소이니.

Phunoi village, Boun Neua, Phongsali, Laos, 2011.

할머니의 목화 실 잣기

할머님이 목화 솜을 뽑아 실을 잣고 있다.
고산족 할머니들은 농사, 방직, 건축, 요리,
치유, 신앙 등 최고의 토착기술 장인들이고
이 땅의 역사와 이야기의 전승자이다.
토박이 마을의 할머니 한 분이 돌아가시면
인류 지혜의 서고 하나가 사라지는 것과 같다.
삶의 나이테에 새겨진 경륜과 자애의 마음씨,
후손에게 꽃내림해줄 아름다운 문화와 정신의
담지자인 할머니들은 진심 어린 존경을 받으며
죽는 마지막 날까지 자기 몫의 기여를 하고 떠나간다.

Phunoi village, Boun Neua, Phongsali, Laos, 2011.

노을빛에 몸을 씻고

하루 일을 마친 여인이 계곡물로 몸을 씻는다.
"오늘 종일 세 걸음의 밭을 개척했지요.
밖에서 자연과 대지를 존중하며 일했으니
이제는 집에 돌아와 제가 존중받는 시간이지요."
단단한 어깨와 싱싱한 가슴을 자랑스럽게 내보인다.
오늘도 인류를 먹여 살릴 영토를 늘려가는 그녀는
인간의 지경地境을 넓혀가는 '삶의 전위'가 아닌가.
그녀가 차려주는 옥수수 나물밥을 먹으며
한 뼘의 농지도 늘려본 적 없는 나는, 그녀 앞에
자꾸만 미안하고 고맙고 부끄러워 목이 메인다.

Akha Phixor village, Ban Phapoun Mai, Phongsali, Laos, 2011.

아침을 깨우는 부엌 불

전기가 들어오지 않는 고산족 마을의 아침은
어머니가 피우는 불빛으로부터 시작한다.
불을 피워 물을 끓이고 밥을 짓기 시작하면
가족들이 깨어나 모여들어 언 몸을 녹인다.
햇살이 길게 비추면 둥근 밥상에 둘러앉아
아침밥을 먹고 담소를 나눈 뒤 일터로 간다.
사랑은 자신을 불사르는 것,
사랑하는 사람에게는 빛이 있다.
순수한 헌신만큼 맑은 빛이 있다.

Songcha village, Luang Prabang, Laos, 2011.

176

'잉여 인간'은 없다

어린아이부터 할머니까지 모두 모여
마을 공동으로 사용할 흙벽돌을 찍어내는 날.
자신의 노동이 빛나는 날이기에 웃음꽃이 핀다.
인간에게 가장 고통스러운 것은 결핍이 아니다.
자신의 생명 에너지를 다 사르지 못하고
자기 존재가 아무런 쓸모가 없어지는 것,
'잉여 인간'이 되는 것이다.
그리하여 인간은 고통 그 자체가 두려운 것이 아니라
자신의 고통이 아무 의미 없게 되는 것이 아니겠는가.

Akha Phixor village, Ban Phapoun Mai, Phongsali, Laos, 2011.

더불어 사는 지혜

모든 장소에는 영혼이 깃든다고 믿는 아카족은
동물들을 우리에 가둬놓는 것을 원치 않기에
돼지와 닭과 개와 사람이 함께 마을을 거닐며 산다.
더불어 사는 길에는 지혜와 절도가 필요한 법.
돼지들로부터 달걀을 보호하기 위해 만든
대나무 가방 속으로 암탉이 알을 낳으러 들어간다.

Luang Prabang, Laos, 2011.

열일곱 살 엄마

루앙 프라방 야시장에서 아이에게 젖을 먹이며
직접 만든 수공예품을 팔고 있는 말리(17).
그녀는 뱃속에 둘째 아이를 품고 있다.
일곱 살 때 아버지가 돌아가셨다는 말리는
역시 아버지가 없는 남자를 만나 결혼했다.
어린 몸에 지고 온 인생의 짐이 무거웠을 텐데
앳된 얼굴에는 밝은 삶의 의지가 빛나고 있었다.
"남편이 너무 착해 제가 좀 더 씩씩해져야 하는데….
고아처럼 외롭게 자랐는데 가정을 이루어 감사해요."

Boun Neua, Phongsali, Laos, 2011.

고산족 마을의 수력 발전

라오스의 산간 마을에는 전기가 들어오지 않는다.
주민들은 지혜를 모아 강보에다 나무와 폐품을 조립해
자력으로 마을 수력발전소를 창조해냈다.
자연을 조금도 해치지 않고 자연의 힘을 살려 쓰는
개전個電은, 거대 독점 시스템도 고압송전의 낭비도 없고
블랙아웃과 전기세 걱정도 없는 최고의 적정기술이다.
전기는 태양과 바람과 강물을 타고 흘러야 한다.
방사능과 석유와 약자의 눈물을 타고 흐르는
눈부신 세상은 인간의 어둠에 다름 아니기에.

River Nam Boun, Boun Neua, Phongsali, Laos, 2011.

뗏목은 우정을 싣고

시간이 강물과 같은 속도로 흘러가는 곳
라오스에서 메콩 강은 중요한 교통수단이다.
히말라야에서 발원한 메콩 강과 그 지류들은
1,500킬로미터의 물길로 굽이 돌아 동서남북으로
라오스를 관류하기에, 강을 타면 어디로든 갈 수 있다.
아이들은 대나무를 잘라 뗏목을 만들어 놀다가
물고기를 잡고 강을 건너 친구 집에도 간다.
앞에서 친구가 강바닥에 막대를 대고 힘차게 밀면
뒤에 앉은 친구는 절묘하게 배의 평형을 맞춘다.
뗏목은 우정을 싣고 어디라도, 어디로라도 신나게 달린다.

Phunoi village, Boun Neua, Phongsali, Laos, 2011.

믿음의 치유 의식

라오스 최북단 퐁살리에 거주하는 푸노이족.
오랫동안 소화를 못해 앓아온 쏨왕(10)을 치유하고자
마을 원로와 동네 어른, 가족들이 모두 모였다.
아이는 헌 옷을 입고 금줄을 통과해 옷을 벗은 후,
꽃과 바나나 줄기에 담은 성수에 몸을 씻고 새 옷을 입는다.
끝으로 금줄을 칼로 자르고 나와 헌 옷을 불태운다.
긴 의식을 하는 동안 아이는 간절한 기도와 사랑을 느끼며
마음속의 두려움을 씻고 나을 수 있다는 믿음을 지닌다.
열흘 뒤 다시 가보니 아이는 완쾌되어 힘차게 뛰놀고 있었다.
어느 문화에나 그 풍토에 적합한 오래된 토착 치유법이 있다.
'너의 믿음이 너를 치유했다'.

Akha Phixor village, Ban Phapoun Mai, Phongsali, Laos, 2011.

아카족 마을의 햇살 학교

지도에도 없는 깊은 산 속의 아카족 마을.
고운 전통 의상을 차려입은 아이들이
하나둘씩 짝을 지어 학교에 모여든다.
선생님은 아이를 등에 업은 동네 이모다.
아빠들이 짜준 나무 책상에 하나뿐인 책을 놓고
재잘재잘 웃음꽃을 피우다 공부 삼매경에 빠져든다.
누가 공부 잘하냐고 물어보자 서로 어리둥절하다가
"다 잘하는데요. 이 친구는 셈을 잘하구요
저 오빠 나무 타고 과일을 잘 따구요
얜 물고기를 잘 잡구요 전 노래를 잘해요.
아참, 저 이쁜 언니는 최고의 날라리래요."

Boun Neua, Phongsali, Laos, 2011.

그대, 씨앗만은 팔지 마라

종자로 쓰려는 것은 그 해의 결실 가운데
가장 훌륭한 것만을 골라 매달아진다.
수백 수천의 옥수수 알들은 단지
한 톨의 씨앗에서 비롯되었다.
씨앗이 할 일은 단 두 가지다.
자신을 팔아넘기지 않고 지켜내는 것.
자신의 대지에 파묻혀 썩어 내리는 것.
희망 또한 마찬가지다.
헛된 희망에 자신을 팔아넘기지 않는 것.
진정한 자신을 찾아 뿌리를 내리는 것.
그대, 씨앗만은 팔지 마라.

B U R M A

깨끗한 '밥'과 불심의 '꽃' 미소에도 슬픔이 묻어나는 나라. 세계 최장기 군부 독재의 총칼 사이로 피어난 민주화의 새봄은 너무 짧았고, 계속되는 군부 쿠데타로 버마는 여전히 신음하고 있다. 그럴수록 민초들은 더 뿌리 깊은 마음의 힘을 품어간다. 끈질긴 저항으로 자유의 열망을 이어가는 사람들. 가난 속에서도 소득의 1/10을 들여 아침마다 불전에 꽃을 바치는 사람들. 밥이 없이는 살 수 없지만 영혼이 없는 밥은 아무것도 아니라며 미소로 환대하는 사람들. 고난 속에서도 인간의 신비를 비춰주는 '아웅더비 버마'-새 희망의 버마. 그 순수한 미소와 빛나는 슬픔의 힘으로 우리의 '밥'에서도 '꽃'이 피어나는 대지의 노래가 울리기를.

Lake Inle, Nyaung Shwe, Burma, 2011.

노래하는 호수

'버마의 심장'이라 불리는 인레 호수는
고원 지대에 자리한 '산 위의 바다'이다.
푸르스름한 물안개 속에 태양이 떠오르면
인레 어부들은 고요한 호수 위를 걷듯
가만가만 두 발로 노를 저어간다.
인레 호수의 고기잡이는 천지인天地人이 하나 되어
이뤄내는 부드럽고 치열한 떨림의 몸짓이다.
자연이 길러준 것을 오늘 하루 필요한 만큼만 취하는
깨끗한 노동은 감사한 밥이 되고 평정한 영혼이 된다.
작은 그물을 당겨 은빛 물고기를 거두어 받는 시간,
어부의 노동은 우아한 춤이 된다.

Lake Taungthaman, Mandalay, Burma, 2011.

동틀 녘의 우뻬인 다리

만달레이의 호수를 가로지르는 우뻬인 다리는
세계에서 가장 길고 오래된 나무 다리이다.
동틀 녘이면 우뻬인 다리의 참모습이 나타난다.
자전거를 타고, 채소를 이고, 승려들은 탁밧을 나서고,
일터로 가는 주민들의 부지런한 삶의 행진이 이어진다.
다리 아래서는 고달픈 식민지와 군부 독재가 낳은
오늘의 버마 현실 같은 혼탁한 강물 속에서
온몸으로 그물을 밀어가는 어부들이 있다.
수백 년의 풍파에도 뼈대로만 버티고 선 티크나무처럼
앙상한 몸을 버팅기며 은빛 물고기를 건져 올리는
우뻬인 어부들은, 삶의 진리를 긷는 수행자만 같다.

Lake Inle, Nyaung Shwe, Burma, 2011.

물 위의 농장 '쭌묘'

인레 호수 위에 농지를 일구는 것은 기적 같은 일이다.
대나무과의 가늘고 촘촘한 뿌리를 엮어 물 위에 띄우고
진흙과 물풀을 번갈아 쌓아가며 땅을 만들어 다진 후,
물살에 떠내려가지 않도록 밭 가운데 긴 대나무를 꽂아
호수 바닥에 고정하는 고된 작업을 수없이 반복해야 한다.
이 모든 작업은 작은 조각배를 타고 다니며 이루어진다.
온 가족이 함께하는 이 처절하고도 장엄한 노동으로
인류의 위대한 농장, 물 위의 농장인 '쭌묘'가 탄생한다.

Lake Inle, Nyaung Shwe, Burma, 2011.

토종씨앗을 심는 농부

여기 오지마을까지 치고 들어온 다국적 기업의 횡포로
쥰묘 농부들과 인레의 맑은 물이 병들어가고 있다.
"값비싼 불임씨앗을 사느라 살림은 더 어려워지고
독한 농약 때문에 땅과 몸은 병들고 있습니다.
우리 일곱 가정 농부들은 토종종자를 심고
자연농법을 살려가겠다고 결심했습니다."
농부들이 새참시간에 함께 모여 차와 토마토와
쌀 튀김 과자를 나눠 먹으며 땀을 식힌다.
그리고 3년만에, 자연농법 농장은 62가정으로 늘어났다.

Lake Inle, Nyaung Shwe, Burma, 2011.

꽃다운 노동

물 위에 떠 있는 광활한 농장 쭌묘는 최고 품질의
채소를 길러내는 버마 농산물 생산의 심장부다.
이 쭌묘에서도 심장부는 불전에 바치는 꽃밭이다.
버마에서는 아무리 가난한 집안이라도 소득의 1/10을 바쳐
꽃을 사고 매일 아침 불전에 올리며 기도를 드린다.
덧없이 사라질지라도 삶은, 밥보다 꽃이 먼저라는 듯이.
꽃을 기르는 마 모에 쉐(21)가 꽃 한 송이를 건넨다.
"쭌묘에서 꽃밭을 가꾸는 것은 힘든 일이지만
아름다운 꽃들은 제 손에 향기를 남기지요.
꽃을 든 사람들의 미소는 사랑하는 가족과 친구들에게,
그리고 부처님께도 가장 멋진 선물이 될 거예요."

In Dein, Nyaung Shwe, Burma, 2011.

강가의 목욕

하루 일을 마친 버마 여인이 저문 강으로 향한다.
전통 의상 렁지를 가슴까지 끌어올려 감싸고
단아하게 무릎을 꿇은 채 강물을 떠서 몸을 씻는다.
시원한 강물과 향긋한 풀꽃 내음, 지저귀는 새소리는
노곤한 그녀의 몸과 마음에 새 힘을 채워준다.
이제 그녀는 가벼워진 발걸음으로 집으로 돌아가
작은 불전에 꽃을 바치고 감사 기도를 올린 다음
가족들을 위한 정갈한 밥상을 차리리라.

Nyaung Shwe, Burma, 2011.

사탕수수를 수확하는 소녀

버마의 3월은 사탕수수 수확이 한창이다.
키 큰 사탕수수밭을 날랜 전사처럼 누비며 검무를 추는 듯
섬세한 손놀림으로 종자를 수확하는 마 틴 짜우(17).
불볕 아래 거칠고 고된 하루 노동으로 1,500원을 번다.
"이 줄기를 땅에 심으면 마디에서 수직으로 새싹이 돋아요.
첫 비가 내리면 키가 훌쩍 자라고 달콤한 설탕이 나오지요.
꿈결에도 흙에 묻혀 다시 돋는 푸른 바람 소리를 듣곤 해요.
그래서 전 결코 꿈을 포기하지 않아요."
달콤한 설탕 한 알에 얼마나 많은 노고가 배어 있는지.

On the way to Bagan from Mandalay, Burma, 2011.

길 위의 알곡 고르기

널찍한 두 흙길 사이로 겸손하게 놓인 포장도로.
이것이 '길의 민주주의'다. 두 발로 걷는 사람과
거기 경작하고 살아가는 주민들이 최우선이다.
자동차와 속도 하나를 위해 내 두 발이 쓸모없게 되고
뛰노는 아이들과 짐을 지고 가는 농부와 강아지와
자전거와 우마차는 공용의 길에서 추방당했다.
부드러운 흙길을 맘껏 걷고 싶다고 외치던 내 두 발은
비로소 너그러운 이 길에서 느릿느릿 자유롭게 걷는다.

수상 가옥의 부엌

물 위의 부엌에서 다과 준비가 한창이다.
쌀을 빻아 반죽하고 해바라기 기름에 튀긴 전통 과자를
한입에 먹기 좋게 담아 향긋한 차와 함께 내놓는다.
쭌묘 농장의 대나무를 재활용해 연료로 쓰는
화덕의 불꽃은 습기를 제거해 집안을 쾌적하게 한다.
가난한 살림이지만 이웃의 누구라도 찾아오면
물 위의 부엌에선 환대의 향기가 고소하게 피어오른다.

Lake Inle, Nyaung Shwe, Burma, 2011.

빵 굽는 아침

인레 호수로 들어가는 나루터에 자리 잡은 이 빵집은
육지 장터를 오가는 인레 주민들의 오랜 단골집이다.
청년은 새벽부터 햇밀을 빻아 황토화덕에서 빵을 구워낸다.
구수한 냄새가 퍼져가면, 호수 어부들도 쭌묘 농부들도
갓 구운 빵을 품에 안고 가족들이 기다리는 집으로 향한다.
"제 근육은 빵 근육이죠. 어려서부터 온몸을 써서
건강한 빵을 만들어온 제게 빵이 안겨준 선물이죠.
저, 여자들에게 인기 많아요. 하하하."

Lake Taungthaman, Mandalay, Burma, 2011.

오리와 소녀의 행복한 산책

아침 햇살 빛나는 만달레이 타웅따만 호숫가에
오리를 치는 소녀 판이쀼(16)가 나타나자
여기저기 떨어져 있던 오리들이 금세 모여들어
새 을乙 자로 줄지어 산책을 나선다.
"꼬마 때부터 오리들과 함께 놀았어요.
기도할 때마다 오리들이 아프지 않게 빌어요.
먹이를 주는 것도 아닌데 제 마음을 아나 봐요."
드넓은 호숫가를 노닐며 산책하는 오리들도,
오리들의 친구가 되는 소녀도 행복한 아침이다.

Khaung Dine, Nyaung Shwe, Burma, 2011.

들꽃 귀걸이를 한 소녀

부드러운 아침 햇살 아래 열세 살 소녀 마 모우가
손수 짜 만든 대나무 멍석 앞에서 첫 손님을 기다린다.
이 무거운 짐을 이고 세 시간 넘게 산길을 걸어 내려왔건만,
낡은 옷은 풀을 먹여 빳빳하고 검은 머리는 곱게 빗어 묶었다.
힘든 노동 속에서도 지극한 정성과 아름다움이 살아있고
자신의 인생이 깃든 생산물은 당당한 자부심으로 빛난다.
"우리 마을엔 전깃불은 없지만 철마다 꽃등불이 가득해요.
다 데려올 수 없어서 한 송이만 제 귀에 걸고 왔어요."

Nyaung Shwe, Burma, 2011.

구도자의 밥

버마 아이들은 일생에 한 번, 단기 출가를 한다.
출가 축제인 '신쀼 의식'으로 화려하게 치장했던
아이들은 사원에 들어오는 순간
가사 한 벌, 밥그릇 하나, 빈 몸만 남는다.
이른 아침 맨발의 스님들과 아이들은
찬 이슬을 밟으며 밥 동냥을 나간다.
일곱 집을 돌아도 밥그릇이 차지 않으면
가만히 돌아와 이렇게 모자란 밥을 씹으며
가난한 민중의 배고픔을 함께 느낀다.
세계 최장기 군부 독재 속에 버마 불교의
고위층들은 타락했어도, 이 가난한 절집의
어린 출가승들의 맑은 뱃속에서 울려 나오는
독송讀誦은 성성하고 눈빛은 푸르기만 하다.

Khaung Dine, Nyaung Shwe, Burma, 2011.

땔나무를 싣고 온 우마차

꼭두새벽 저 높은 고산족 마을에서 땔나무를 싣고
느릿느릿 소걸음으로 어둑한 산길을 내려온 우마차.
장터에 막 도착하자 태양이 떠오른다.
대지의 느린 걸음은 결코 늦지 않다.
비탈진 새벽길을 쉬지 않고 걸어온 소들에게
이제 다 왔다고, 수고했다고, 경의를 표하는 듯
청년은 허리를 굽히며 둥근 고삐를 부드럽게 당긴다.

Lake Inle, Nyaung Shwe, Burma, 2011.

평온한 귀갓길

인레 호수에 붉은 노을이 물들면
평온한 저녁을 맞이하는 귀가의 시간이다.
당당한 하루의 노동을 마치고 집으로 돌아가는
인레 사람들의 뒷모습은 충만한 기쁨으로 빛나고
물 위의 파문도 뒤따라 동그란 미소를 짓는다.
"오늘 무슨 일을 했는가 못지않게
어떤 마음으로 했는가가 중요하지요.
모든 것은 물결처럼 사라지겠지만
사랑은 남아 가슴으로 이어져 흐르겠지요."

In Dein, Nyaung Shwe, Burma, 2011.

즐거운 나의 강

작은 마을들을 감싸 흐르며 인레 호수로 향하는 인떼인 강.
여인들은 빨랫방망이를 두들기며 수다를 떨고
아이들은 물장구치며 놀다가 물고기를 잡고
물소는 몸을 씻겨주는 주인의 손길에 기분 좋게 목을 축인다.
내가 사는 가까이에 있고, 내 몸과 기억 속을 흐르는 강.
강의 생명은 콘크리트 댐 속의 많은 물이 아니다.
강의 생명은 굽이굽이 흐르는 맑은 물이다.

Nyaung Shwe, Burma, 2011.

나의 친구 물소

버마에서 물소는 식구이고 친구이다.
어려서부터 자기 몫의 살림살이를 해내는 아이들은
학교에 다녀오면 물소를 몰고 강가로 나가
부드러운 풀을 먹이고 목욕을 시키며 함께 지낸다.
나무 그늘에 앉아 책을 읽고 낮잠을 자고
동무들과 햇살이 빛나는 대지 위를 뛰놀다
붉은 노을이 물들면 물소를 타고 집으로 돌아온다.

Mandalay, Burma, 2011.

밥 짓는 냄새에

만달레이 항구에는 가난한 일용직 노동자들이 산다.
이른 아침 어머니는 고단한 몸을 일으켜 목욕을 하고
들꽃 한 다발을 불전에 바치고 기도를 한 후
비로소 불을 피우고 아침밥을 짓는다.
구멍 뚫린 지붕 사이로 별을 보며 잠들었던 아이는
밥 짓는 냄새에 깨어나 엄마 곁에서 햇살처럼 웃는다.

Dala City, Yangon, Burma, 2011.

달라시의 마지막 풍경

수도 양곤의 강 건너에 위치한 달라시 빈민 마을.
천이백여 가구의 가난한 일용직들이 모여 살고 있다.
수도도 전기도 없고, 아이들 대부분이 학교에 가지 못해도
서로 돕고 나누는 힘이 커서 활기가 가득한 마을.
그러나 지금 버마에는 '군부 독재'가 느슨해진 자리에
'자본 독재'가 들어서고 있고, 외국 자본이 달라시 개발을
추진하면서 주민들은 쫓겨날 위험에 처해있다.
가난 속의 이 '평온한 저녁' 풍경도 마지막이 되는가.

Lake Inle, Nyaung Shwe, Burma, 2011.

노래하는 다리

인레 호수 마을과 고산족 마을을 이어주는
이 나무다리는 매년 우기 때마다 휩쓸려 나간다.
장마가 끝나면 여러 소수민족이 함께 모여
다시 다리를 세우고 잔치를 벌인다.
해마다 새로 짓는 나무다리의 역사를 따라
서로의 믿음 또한 시간의 두께로 깊어진다.
오늘도 이 다리를 오가는 다양한 발걸음들은
마치 오선지 위에 어우러진 음표들처럼
가슴 시린 희망의 노래를 연주하고 있다.
'함께하는 혼자'로 진정한 나를 찾아
좋은 삶 쪽으로 나아가려는 사람에게는
분명, 다른 길이 있다.

INDIA

디레 디레 잘 레 만느 극단의 두 얼굴을 지닌 땅 인디아. 히말라야 만년설산과 라자스탄 사막이 동시에 펼쳐지고, 첨단 IT산업의 도심에 느릿느릿 암소가 걸어가고, 아쉬람의 고요한 명상 속에 카슈미르에서는 계엄군의 총성이 울리고, 핵무기를 갖고 성장으로 질주하지만 오늘도 불가촉천민과 빈민들이 짓눌려 있는 나라. 하늘과 땅 사이의 광활한 대지 위에 너무도 다양한 삶들이 굴러간다. 그 모든 걸 지탱하는 건 60%에 달하는 농민들, 위대한 여성 농민들이다. 성스러움과 더러움을 모두 품고서도 자신이 가야 할 곳을 향해 유장히 흐르는 저 갠지스 강물처럼, 우리의 삶도 굽힘 없이 흘러가기를. '디레 디레 잘 레 만느' 마음아 천천히, 천천히 걸어라.

River Ganges, Varanasi, Uttar Pradesh, India, 2013.

나 이제 강을 건너가려네

부부는 죽음을 맞기 전에 단 한 번만이라도
갠지스 강에 몸을 담기 위해 먼 순례길을 떠나왔다.
간절한 기도의 파장이 갠지스 강을 진동시킨다.
이제 두 발로 입맞춤해온 지상의 빛나던 순간들은
저 영원한 우주의 우물로 흘러가 보존되리라.
슬프지만 찬란한 생의 소멸 '모크샤'-대자유!
부부는 생의 마지막이 될 하나의 기원을 바친다.
"람람- 제람지키- 람 바로세."
하느님, 하느님께 저를 다 맡깁니다.
그 모든 것은 당신 뜻대로 하소서.

River Betwa, Orchha, Madhya Pradesh, India, 2013.

디레 디레 잘 레 만느

가장 높은 히말라야 만년설산에서 흘러와
가장 낮은 평원까지 젖 물려주는 인디아의 강.
바라나시로 순례를 가는 붉은 사리 옷의 여인들과
흙먼지 묻은 흰 옷의 사내들이 강물을 만나자
발길을 멈추고 땀을 씻고 빨래를 한다.
"디레 디레 잘 레 만느." 마음아 천천히 천천히 걸어라.
부디 서두르지도 말고 게으르지도 말아라.
모든 것은 인연의 때가 되면 이루어져 갈 것이니.

Kherga village, Rajasthan, India, 2013.

유채 수확

인디아에서 가난한 여자로 산다는 건
카스트 위에 또 하나의 카스트를 이고 사는 것이다.
새벽부터 하루 종일 고된 노동을 해야만 하는 여인들.
그러나 한낮의 태양이 태울 듯이 내리쬐는 들녘에서도
우아한 동작으로 노래를 부르며 유채를 수확한다.
인디아에 신神이 있다면 이들 여성 농민들이 아닐까.

Jaipur, Rajasthan, India, 2013.

사막의 꽃 라자스탄 여인들

태양의 땅 라자스탄의 메마르고 광막한 대지에
점점이 눈부신 꽃들이 걸어간다.
라자스탄 여인들은 인디아의 신비이다.
빨강 파랑 노랑 주황 화려한 원색의 사리와
은팔찌로 치장한 여인들은 고된 노동조차
우아한 행위예술로 승화시켜버리는 것만 같다.
더는 무거울 수 없는 가난과 차별의 슬픔 속에서도
이렇게 서로 도우며 아름다움을 꽃피울 수 있다고,
라자스탄 여인들은 걸어 다니는 신전의 기둥이 되어
인간의 위엄을 세워 보이고 있다.

Auli village, Orissa, India, 2013.

둥근 땔감

소똥은 고맙고 귀중한 선물이다.
흙마당과 흙집 벽에 바르는 숨 쉬는 건축 재료이자,
해충을 막고 몸에 바르는 천연 약재로도 쓰이고
밥 짓는 불을 피우는 청정 연료가 되기도 한다.
소똥에 밀짚과 물을 섞어 빵처럼 둥글게 빚어
햇빛과 바람에 발효와 건조를 시키고 나면
냄새 없고 화력 좋은 착한 에너지로 재탄생한다.
마을의 공용지에서는 이렇게 소똥 빚기가 펼쳐지고
집마당에서는 둥근 땔감이 탑처럼 세워진다.

Puri, Orissa, India, 2013.

태양과 함께 돌아오다

푸른 인도양이 펼쳐지는 베따꾼 항구의 아침.
밤새 산 같은 파도와 싸우며 잡은 은빛 물고기를 싣고
어떤 전함보다 당당한 모습으로 귀항하는 노동의 전사들.
고깃배가 없는 가난한 이들도, 아이들도 나와 일을 거들고
아침 식탁에 올릴 물고기를 조금씩이라도 나눠 받는다.
거친 파도 앞에서는 서로가 협력하고 나눌 수밖에 없다.
자연에 뿌리박은 곳에서는 누구나 필요한 존재가 된다.

Auli village, Orissa, India, 2013.

세상에 한 장뿐인 지도를 따라

바다처럼 넓은 카라수다 강의 어부들.
평생 야생의 강과 함께 살아온 사내는
물살만 봐도 어디든 강심의 깊이를 짚어내고
물고기와 새우가 어디쯤 있는지를 읽어낸다.
긴 세월 동안 작은 배에 온몸이 흔들려가며
감각의 내면에 그려온 세상에 한 장뿐인
자신만의 지도를 따라, 어부는 오늘도
흐르는 물살을 거슬러 노를 저어간다.

Gafa village, Rajasthan, India, 2013.

인디고 블루 하우스

인디아 여성 농민은 누구나 최고의 건축가다.
쉽게 구할 수 있는 재료로 손수 디자인해 집을 짓고
살아가면서 불편하고 아름답지 않은 것은 고쳐나간다.
한 마을에서도 똑같은 집이 하나도 없는 개성이 담긴 집.
부드러운 살결 같은 흙벽에 청명한 하늘빛을 닮은
인디고 블루를 칠하고 흰 쌀가루를 개어 그림을 그린다.
물 항아리를 이고 든 여인이 자신이 다져 만든
인디고 빛의 계단을 사뿐사뿐 걸어 오른다.

Pahadi village, Madhya Pradesh, India, 2013.

그 물소리 속에

인디아 신화에 따르면 강물은 살아있는 사람들의 세계와
그 너머의 세계를 구분 짓는 심연의 경계이다.
지상의 기억과 꿈을 담고 흐르다 우주의 샘물로 솟아나고,
다시 우리들 꿈속으로 흘러들어 지상의 샘물로 차오른다.
샘물 속에는 밤의 별빛과 정적, 야생 숲과 유랑시인의 노래,
강가에 앉아 우는 사람과 연인들의 속삭임까지 흐르고 있다.
시골 마을의 깊은 우물에서 솟아난 우주의 샘물 한 동이.
여인의 손을 타고 물동이로 떨어지는 청량한 그 물소리여.
한 잔의 물을 마실 때 내 안에 흐르는 그 모든 소리들이여.

Khajuraho, Madhya Pradesh, India, 2013.

암소는 힘이 세다

길에 나선 여인들이 강을 만나 쉬어간다.
먼저 소에게 물을 드린 다음 햇볕에 빨래를 말린다.
인디아의 거리에서 암소를 당할 자는 없다.
대통령 전용차도 군용차도 오토바이도
빠르고 힘센 것들을 꼼짝없이 멈춰 세운다.
인디아에서 가장 무서운 말은 "두드 더히 비 나이",
나는 우유도 요구르트도 없다, 소가 없다는 말이다.
소는 날마다 신선한 우유와 소똥 연료와 거름을 주니
사람은 소를 공경하며 최상의 대접으로 보답을 한다.

River Ganges, Varanasi, Uttar Pradesh, India, 2013.

살아있는 갠지스 강

순례 행렬과 관광객들이 몰려들지 않는
갠지스 강 상류에서 살아있는 강을 만난다.
어른들은 목욕을 하고 아이들은 물놀이를 하고
고기를 잡고 소를 씻기고 죽은 아이를 실어 보내며,
가난한 자들의 소박한 일상과 함께 흐른다.
갠지스 강은 꽃등불도 쓰레기도 모두 품는다.
세속을 품지 못하면 신성도 깃들지 못하는 법.
지상의 더러움마저 다 품고 맑히며
오늘도 갠지스 강은 유유히 흐른다.

Patha Karka village, Uttar Pradesh, India, 2013.

맨발의 입맞춤

인디아 여성 농민들은 논밭에서 맨발로 일하고
흙길에서도 맨발로 걷기를 좋아한다.
신발을 살 여력이 없어서가 아니다.
대지는 인간을 품어 기르는 신성한 몸이기에
맨발로 정중한 입맞춤을 하는 게 도리인 것이다.
맨발에는 금과 은으로 된 발찌와 발가락찌로
정성을 다해 치장하고 늘 청결하게 씻는다.
만족滿足이란, 발이 흙 속에 가득히 안기는 것,
대지에 뿌리박은 삶에서 행복이 차오르는 것이니.

Puri, Orissa, India, 2013.

인디아의 아침 마음

인디아의 여성들은 매일 아침마다
자신의 얼굴을 씻듯 흙마당을 쓸고
흙집 벽에 새 흙을 바르고 몸을 씻은 후
둘씨 기도를 바치며 하루를 맞이한다.
떠오르는 아침 해가 새로운 태양이기에
나 또한 새로운 아침 마음이어야 하리.
나 새로운 사람으로 그대를 만나야 하리.

Puri, Orissa, India, 2013.

엄마의 밥상

이른 아침 베따꾼 항구에 고깃배가 들어오자
일을 거들어주고 얻어온 생선으로 요리를 한다.
허기진 아이들은 벌써부터 침이 고여 눈을 뗄 줄 모른다.
그 어떤 위대한 일도 밥 한 그릇으로부터 시작된다는데,
엄마의 삼시세끼 내신 밥상은 만 리 밖에 있어도
나를 끌어당기는 세상에서 가장 힘센 사랑인 것을.

Baruwa Sagar village, Uttar Pradesh, India, 2013.

시작은 짜이

꽃 농장 인부들이 일을 시작하기 전
짜이를 끓여 마시며 담소 중이다.
이들의 하루는 짜이와 함께 시작된다.
"내 몸에 따뜻한 기운이 돌고
동료 간에 우애의 감정이 돌아야
내가 가꾸는 꽃들도 향기를 건네겠죠.
삶을 위해 일하고 웃기 위해 돈 버는 건데
일과 돈이 사람의 주인 노릇 하면 되나요."
일터는 '돈터'만이 아닌 '삶터'이자
내가 더 좋은 사람이 되어가는 '수행터'이고,
동료란 경쟁 관계가 아닌 '좋은 벗'인 것을.
아침 해와 함께 멋진 하루를 열어주는 짜이 한 잔.

Mahendra Garh village, Rajasthan, India, 2013.

라자스탄의 소녀

뜨거운 사막 길에서 만나는 가슴 서늘한 라자스탄 미인들.
자긍심과 독립성을 최고로 여겨 명예를 잃기보다
죽음을 택하거나 유랑길을 택했던 조상들처럼
당당하게 이국의 남자를 친구로 맞이한다.
가난해도 경우 바르고 비굴하지 않은 사람,
남을 속이고 약속을 어기는 걸 죽음으로 아는 사람,
노래를 잘하고 춤을 잘 추고 쾌활한 사람,
아름다운 기품을 잃는 걸 인생의 실패로 아는 사람,
열두 살 소녀에게서 나는 고유한 전통의 무서움과
라자스탄 여인 속의 여신女神의 본능을 느낀다.

Varanasi, Uttar Pradesh, India, 2013.

바라나시의 릭샤

3천 년 역사의 유서 깊은 도시 바라나시.
힌두교뿐 아니라 시크교, 자이나교, 불교의 성지이며
세상 모든 신들이 여기 갠지스 강으로 모인다는 곳이다.
인디아의 심장부 차크라와 같은 바라나시는
그러나 치열한 생존과 노동의 현장이기도 하다.
릭샤, 리어카, 자전거, 오토바이, 자동차 그리고
짐꾼과 벌거벗은 사두와 화장터로 가는 장례 행렬과
인디아 판타지에 취한 서구 젊은이들과 순례자들이
아슬아슬하게 북적이며 생을 이어간다.
이렇게 소음과 여유, 속됨과 신성, 생존과 죽음이
나직한 경전 소리와 쟁쟁한 경적 소리 속에
활기차게 공생하는 불가사의한 도시가 또 있을까.
바라나시의 릭샤는 그 양극의 현실을 두 발로 저어간다.

Patha Karka village, Uttar Pradesh, India, 2013.

물 항아리 머리에 인 여인의 걸음

물 항아리 머리에 인 여인의 걸음으로 깨어나는
인디아의 아침. 묵직한 물 항아리를 이고 걸으면
등허리와 목선이 곧게 펴지고 단전에서부터
온몸에 기운이 차오르는, 최고의 일상 요가가 된다.
인디아 여성의 늘씬한 몸매와 우아한 자태는
날마나 물 항아리를 이고 걷는 노고의 선물만 같다.
고귀한 것은 늘 무거운 것, 고귀한 짐을 아름답게
이고 지고 가는 자가 고귀한 사람인 것을.

Khuja village, Uttar Pradesh, India, 2013.

만남의 우물터

태양 아래 소를 치고 콩을 따던 아이들이
샘터로 모여들어 목을 축이고 더위를 식힌다.
이 공동 우물터는 물을 긷고 채소를 씻고 빨래를 하며
마을 사람 모두가 하루에 몇 번씩은 얼굴을 대하고
이야기를 나누는 만남과 친교의 장소이다.
좋은 삶에는 일상에서 함께 아껴 쓰고 나눠 쓰며
서로 친밀해지는 '공용의 장소'가 있어야 한다.

Pahadi village, Madhya Pradesh, India, 2013.

시간의 문턱

장소에는 고유한 시간의 흐름과 무드가 존재한다.
장소가 바뀌면 시간도 기운도 무드도 바뀐다.
인디아의 전통 마을 입구에는 침묵의 성소가 있다.
외부와 다른 시간으로 넘어오는 '시간의 문턱'이다.
이곳에서 숨을 고르고 마음의 옷깃을 여미면서
새로운 만남과 세계 속으로 스며들어가는 것이다.
이 신성한 '시간의 문턱'을 잃어버리면 인간은
어디서나 대체 가능한 획일적 존재로 쏠려가고 만다.

Auli village, Orissa, India, 2013.

둘씨 의식

벽과 기둥과 집에도 정령들이 살아있어
서로 말을 한다고 믿는 인디아 농민들은
매번 흙집 벽에 정성껏 그림을 그린다.
집은 그저 육체가 쉬는 곳만이 아니라
대지의 정령과 하늘의 신들이 생기를 채워주고
때로 경종을 울리고 벌을 주는 곳이기도 하다.
그리하여 집은 돈으로 헤아릴 수 없는 하나의 성전이다.
시골 마을 집집마다 여신을 상징하는 차나무
'둘씨'가 심어져 있는데 매일 아침저녁으로
기도를 바치는 '둘씨 의식'이 행해진다.
하루 일을 마친 여인이 둘씨 앞에 맨발로 서서
한 손에는 불을 들고 한 손으론 종을 흔들며
하루 생에 대한 감사 기도를 바친다.
인디아의 영성은 거대한 성전이나 성직자가 아닌
수천 년 동안 날마다 작은 둘씨 앞에 기도를 바쳐온
인디아 농민들의 선한 가슴에 살아있는 것이 아닐까.

On the way to Wagnat village, Jammu Kashmir, India, 2013.

천 그루의 나무를 심은 사람

인도군의 계엄령이 임시 해제된 첫날.
카슈미르는 아직 웅크려 떨고 있는데
총칼의 번득임처럼 시리기만 한 만년설 바람 속에
사과나무를 보살피는 한 남자를 만났다.
30년 동안 그는 빈 황무지에 나무를 심어왔고
그중에 천 그루의 나무가 살아남았다고 한다.
"절반은 싹도 트지 않고 또 절반은 말라 죽고
그중에 소수의 나무만이 기적처럼 자라났지요.
척박한 비탈에 심어진 나무들에게 미안하고
이 엄혹한 땅에 살아갈 아이들에게 미안하고….
하지만 나무들이 뿌리를 내리기만 한다면
이 얼어붙은 땅에도 꽃이 피고 열매가 맺고
카슈미르에도 언젠가는 좋은 날이 오겠지요."
우리는 위대한 일을 하는 것이 아니라
위대한 사랑으로 작은 일을 하는 것.*
작지만 끝까지 꾸준히 밀어가는 것.
그것이야말로 내가 아는 가장 위대한 삶의 길이다.

Srinagar, Jammu Kashmir, India, 2013.

깡그리를 품에 안고

밭을 일구던 농부가 깡그리에 언 손을 녹인다.
카슈미르인들은 전통복 페렌의 넓은 자락 속에
작은 숯불 난로인 깡그리를 품고 다닌다.
총칼이 드리운 계엄령에 손발은 묶여있지만
남루한 페렌 속에 깡그리 하나씩을 품고서
데워진 손으로 친구의 언 손을 맞잡으며
저마다 희망의 불씨를 키워가고 있다.

Lake Dal, Jammu Kashmir, India, 2013.

달 호수에 슬픔을 띄운다

일찍이 '인디아의 파라다이스'로 빛나던 카슈미르.
아름다운 선상시장으로 유명한 달 호수는 계엄 치하에
관광객의 발길이 끊기고 활기찬 상권도 죽어버렸다.
옛 영화는 돌아올 줄 모르고, 총성 속에 사라진
카슈미르의 젊은 별들은 달 호수에 눈물로 일렁인다.
휴교령이 풀린 첫날, 아이들은 엄마가 저어주는
쪽배를 타고 호수를 가로질러 종종걸음으로 학교로 가고
모처럼 뱃머리를 맞댄 사람들은 나직한 속삭임으로
생산물을 나누면서 짧고 불안한 평화를 숨 쉰다.

사랑은 불이어라

만년설산의 가장 높은 오두막 집에서
엄마가 저녁밥을 지으며 노래를 불러준다.
"딸아 사랑은 불 같은 것이란다.
높은 곳으로 타오르는 불 같은 사랑.
그러니 네 사랑을 낮은 곳에 두어라.
아들아 사랑은 강물 같은 것이란다.
아래로 흘러내리는 강물 같은 사랑.
그러니 네 눈물을 고귀한 곳에 두어라.
히말라야의 흰 눈처럼 언제까지나
네 마음의 빛과 사랑을 잃지 말거라."
창밖에는 거센 눈보라가 휘날리는데
남편을 잃은 카슈미르의 어머니는 오늘도
불 같은 사랑 노래를 부르며 눈시울이 젖는다.

Srinagar, Jammu Kashmir, India, 2013.

수선화 꽃 무덤 아래

카슈미르 사람들은 예부터 사랑하는 이의
무덤가에 수선화 꽃 '이마르 잘'을 심어왔다.
계엄군의 눈을 피해 어둠 속 철책을 넘어들어간
자유 카슈미르 전사자들의 공동묘지.
오늘도 수천 명의 청년들이 히말라야 산 속에서
무장저항을 지속하고 있으며, 카슈미르 집집마다
전사자 집안이 아닌 곳을 찾기 힘들 정도다.
"이 묘석 아래 카슈미르의 자식이요,
자유를 위해 사라진 별들이 잠든다.
사랑하는 이들이 심은 노란 수선화 꽃이
봄마다 그의 순결한 사랑을 말해줄 것이며
살아남은 자들이 이를 증명해 줄 것이다."

웅크린 가슴에도 봄은 오리니

연분홍 아몬드 꽃잎은 바람에 날리고
어린 양의 울음소리는 봄을 부르는데
카슈미르 청춘남녀는 노래와 춤을 잃어버리고
물오른 젊은 육체도 날개를 펼 길이 없다.
다시 휴교령이 내린 날 아침,
소녀는 어린 순록처럼 웅크린 가슴으로
간절하게 카슈미르의 봄을 기다린다.

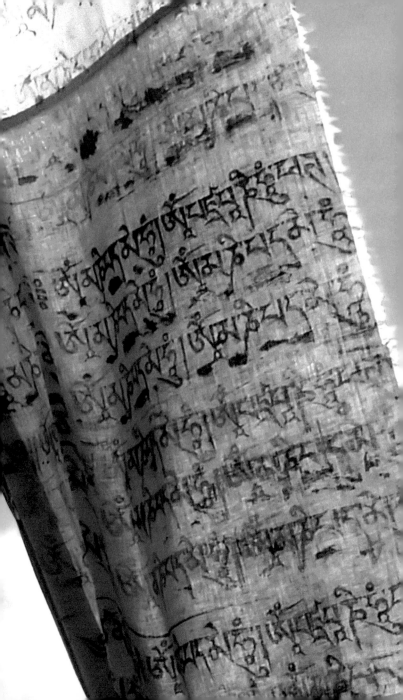

TIBET

남김없이 피고 지고 야크 유목과 보리 농사와 티베트 불교는 티베트인들의 '삶의 세 기둥'이다. 그러나 1950년 중국에 강제 점령된 이후 수많은 사람이 죽어갔고, 급속한 개방에 저항도 전통도 서서히 무너져가고 있다. 무언가 급속히 열리면 무언가 급속히 무너진다. 그럼에도 인간이 살아가는 가장 높은 곳에서 인간이 취할 수 있는 가장 낮은 자세로 오체투지 순례길을 걸어가는 티베트인의 모습은 절로 고개를 숙이게 한다. 선물 받은 하루의 생을 다 소멸시키며, 텅 빈 충만의 정신적 풍요를 살아가는 사람들. 우리는 이 지상에 잠시 천막을 친 자이니, 삶도 초원의 꽃처럼 남김없이 피고 지고 하루하루 사랑으로 나를 살아가는 생의 도약을 이루기를.

Jiu qu huang he di yi wan, Ruoergai, Amdo Tibet, 2012.

타르초의 노래

티베트 초원의 높은 언덕이나 고갯길에는
오색의 타르초가 바람에 나부낀다.
여기에는 티베트 불교의 경전이 적혀 있는데
글을 읽지 못하는 이들은 이 천을 만지면
바람이 경전을 읽어준다고 여겨왔다.
광활하고 막막한 초원길을 달려온 바람은
타르초를 만나 간절한 기원의 노래를 부르는데
나는 사랑의 유랑길에서 무슨 노래를 부르는가.

Ruoergai, Amdo Tibet, 2012.

남김없이 피고 지고

야크 젖을 짜던 스무 살 엄마가
아이에게 젖을 먹이러 천막집으로 들어간다.
"나는 이 지상에 잠시 천막을 친 자이지요.
이 초원의 꽃들처럼 남김없이 피고 지기를 바래요.
내가 떠난 자리에는 다시 새 풀이 돋아나고
새로운 태양이 빛나고 아이들이 태어나겠지요."
충만한 삶이란, 축적이 아닌 소멸에서 오는 것이 아니던가.
우리 삶의 목적은 선물 받은 하루하루를 남김없이 불살라
빛과 사랑으로 생의 도약을 이루는 것이 아니던가.

Labrang, Amdo Tibet, 2012.

마지막 순례길

거친 초원에서 평생 우유통과 야크 똥을 이고지고 살아온
할머니가, 남은 기력을 다해 생의 마지막 순례길을 떠나왔다.
"난 수백 마리의 양과 야크를 치고 23명의 일가를 이루었다오.
순례길에서 기도하다가 죽음을 맞이하길 바라지요.
내 육신은 초원의 독수리와 꽃으로 돌아가고
내 영혼은 부처님 곁으로 돌아가길 바란다오."
세월의 무게만큼 등은 굽어도 영혼의 발걸음은 하늘을 향한다.
무엇이 더 좋은 노후이고 아름다운 생의 마무리인가.

On the way to Hezuo, Amdo Tibet, 2012.

고속도로 위의 오체투지

6개월간 일당 1만 원의 건설공사장 노동자로 일하며
힘들게 모은 돈의 절반을 시주하러 떠난 청년 통꼬하단.
"먹고 살기 위한 노동을 무사히 마쳤으니
이제 내 영혼을 위해 순례길에 나섰습니다.
돈은 빛나도 내 마음이 어둠이라면 무슨 소용이겠습니까.
이렇게 심신의 극한으로 오체투지 순례를 하다 보면
나를 괴롭혀온 욕망과 미움의 찌꺼기가 사라지고
어느 순간 그저 텅 빈 몸과 마음이 나를 이끌어갑니다."

Labrang, Amdo Tibet, 2012.

목적지가 가까워 올수록

티베트인들은 인간이 살아가는 가장 높은 곳에서
인간이 취하는 가장 낮은 자세로 오체투지 순례를 한다.
희박한 공기의 고원을 오체투지로 걸어 사원에 도착한 여인이
목적지가 가까워 올수록 속도를 줄여가며 숨을 고른다.
이 길고 험한 순례길이 무엇을 위해 왔는지를 되새기면서,
다만 그곳에 가기 위해 가는 어리석음에 빠져들지 않기 위해서.
지금 여기, 한 걸음 한 걸음이 이미 목적지임을 되새기면서.

티베트의 승려

랑무스는 티베트 불교의 성지이면서도 오랜 세월
무슬림과 여러 민족이 평화롭게 살아온 곳이다.
이슬람 모스크 위의 초승달 문양이 붉은 노을에 빛날 때
티베트 승려들이 저녁 예불을 바치러 사원으로 향한다.
사원은 화려한 유적과 불상이 있는 곳만이 아니다.
수행 정진하는 출가승 한 명 한 명이 사원 그 자체이다.
아 나는 그 무언가의 '걸어 다니는 희망'인가.

Langmusi, Amdo Tibet, 2012.

Langmusi, Amdo Tibet, 2012.

유목민의 대이동

온 가족이 양과 야크를 몰고
새로운 초지를 향해 떠나는 중이다.
한곳에 오래 머물면 초원은
황폐한 사막이 되고 말기에.
그런데 지금 티베트 초원이
아스팔트 도로로 뒤덮여가고 있다.
중국 정부의 급속한 개방정책으로
군사작전하듯 고속도로가 뚫리고
자본과 사람이 마구 소통되면서
티베트의 전통 삶이 무너지고 있다.
무언가 열리면 무언가 무너지는 법이다.
지금 시대, 닫힘보다 더 무서운 건
열림이고 소통이고 접속이다.

Ruoergai, Amdo Tibet, 2012.

야크 젖을 짜는 여인

티베트인에게 야크는 없어서는 안 될 귀한 존재이다.
야크 젖은 주식과도 같은 수유차와 치즈가 되고
살은 고기가 되고 털과 가죽은 천막집과 옷이 되고
뿔과 뼈는 그릇이나 장신구가 되고 똥은 소중한 연료가 된다.
야크 젖을 짜며 충만한 마음의 티베트 여인이
초원의 아침 햇살에 눈 가늘게 뜨고 미소를 짓는다.

Labrang, Amdo Tibet, 2012.

나는 짬빠를 먹는다

"나는 짬빠를 먹는다. 나는 티베트인이다."
보리를 볶아 만든 짬빠는 티베트인의 주식이다.
중국은 티베트를 점령한 후 전통적으로 길러온 보리 대신
기후와 풍토에 맞지 않는 밀과 쌀 등을 강제로 심게 했다.
그 결과 흉작이 들고 수많은 사람이 기근으로 죽어갔다.
티베트인들은 다시 보리를 심어가기 시작했고
고원의 보리밭을 흔드는 바람 소리는 오늘도
티베트인의 저항과 삶의 이야기를 전해주고 있다.

Jiu qu huang he di yi wan, Ruoergai, Amdo Tibet, 2012.

주인을 위로하는 말

황하가 처음으로 몸을 틀어 아홉 번 굽이쳐 흐르는
황하구곡제일만 언덕에서 관광객을 말에 태워
산정 전망대까지 데려다 주는 티베트 여인.
종일 숨찬 걸음에도 손님을 태우지 못한 모양이다.
집에서는 가족과 아이들이 기다리는데
빈손으로 돌아가야 하는 붉은 석양이 무거워
여인은 능선에 주저앉아 힘없이 고개를 떨군다.
오랜 동료이자 식구인 말은 손님을 태우지 못한
자신의 등이 미안해서인지 고개 숙여 주인을 위로한다.

Amuquhu village, Shankar, Amdo Tibet, 2012.

고원의 쟁기질

공기도 희박한 고원의 대지에서 청보리밭을 간다.
티베트에도 경운기와 트랙터가 보급되고 있지만
동력기계를 쓰면 땅이 굳고 생명력이 죽어가기에
말이 끄는 작은 쟁기질로 말랑한 숨결을 불어넣는다.
삶에서 가치 있는 것들은 이렇게 꾸역꾸역
불굴의 걸음으로 밀어가야 한다는 듯이,
쟁기를 잡은 농부는 뒤돌아보지 않는다.

Amuquhu village, Shankar, Amdo Tibet, 2012.

푸른 초원 위의 낮잠

고단한 유목의 계절이 끝나고 마을로 돌아온 청년이
수고했던 말들을 풀어놓고 초원에 누워 낮잠을 잔다.
순백의 구름은 유유히 떠가고 들꽃 내음은 향기롭게 흐르고
보리를 베는 여인들의 노래 소리는 바람결에 실려온다.
자신의 할 일을 다 한 청년은 지구를 배경 삼아
푸르른 초원에 누워 깊고 달콤한 낮잠을 누린다.

Shankar, Amdo Tibet, 2012.

초원의 스마트폰

땔감으로 쓰일 야크 똥을 말리던 여인이
먼 초원의 친구와 스마트폰으로 영상통화를 하고 있다.
지금껏 축음기도 TV도 전화기도 써본 적 없던
유목민들에게 작은 태양전지판과 스마트폰 하나로
이 모든 것을 한꺼번에 건너뛴 도약이 일어난 것이다.
지금 우리 인류의 물질 생산과 창의력은 여기까지 왔다.
이제 '물질의 도약'처럼 '정신의 도약'이 이뤄질 때가 아닌가.

하늘과 땅 사이

끝도 없이 펼쳐진 푸른 초원 위에 드문드문 자리 잡은
흑갈색 야크 천막집에서 하얀 연기가 피어오른다.
천막집 안에 매달린 야크 고기는 고소하게 말라가고
여인은 야크 똥으로 불을 때 갓 짜온 야크 젖을 끓인다.
하늘빛과 인간 노동과 땅의 불꽃이 하나 되어 지어내는
정직한 밥은 그 자체로 영성체가 된다.

Ruoergai, Amdo Tibet, 2012.

Ruoergai, Amdo Tibet, 2012.

밥과 영혼

티베트인의 천막집에 세 가지 성물聖物이 모셔져 있다.
멀리 망명지에 있는 달라이 라마의 사진과
유목길의 주식인 짬빠와 치즈를 담은 주머니
그리고 경전이 담겨 있는 손 마니차.
사람은 밥이 없이는 살 수 없지만
영혼이 없는 밥은 아무것도 아무것도 아니기에.

Ruoergai, Amdo Tibet, 2012.

사람의 깃발

멀리 야크떼를 바라보고 서 있는 청년의 천막집에
티베트 불교의 상징물인 룽다가 펄럭인다.
룽다는 바람에 휘날리는 모습이 마치 초원을 달리는
티베트 말과 같다 하여 '바람의 말馬'이라 불린다.
하늘과 땅 사이에 인간의 등뼈를 곧게 세우고
깃발도 없이 길을 찾아가다 보면
때로는 사람이 깃발이 되는 것이다.

Langmusi, Amdo Tibet, 2012.

345

나날이 새롭게

여명은 생의 신비다.
우주의 순환은 날마다 한 번 해가 뜨고 한 번 해가 지고
우리는 오직 하루치의 인생을 새로이 선물 받는다.
이 대지의 삶은 순간이고 미래는 누구도 모른다.
하여 삶은 일일일생—日一生이니
오늘 하루의 생을 남김없이 불사르고
지금 여기서 자신을 온전히 살아내기를.

전쟁의 레바논에서, 2007, 박노해

박노해

1957 전라남도에서 태어났다. 16세에 상경해 노동자로 일하며 선린상고(야간)를 다녔다. 1984 27살에 첫 시집 『노동의 새벽』을 펴냈다. 이 시집은 독재정권의 금서 조치에도 100만 부가 발간되며 한국 사회와 문단을 충격으로 뒤흔들었다. 감시를 피해 쓴 박노해라는 필명은 '박해받는 노동자 해방'으로, 이때부터 '얼굴 없는 시인'으로 알려졌다. 1989 〈남한사회주의노동자동맹〉(사노맹)을 결성했다. 1991 7년 여의 수배 끝에 안기부에 체포되어 24일간 고문을 당했다. 검찰 측은 '반국가단체 수괴' 죄목으로 사형을 구형했다. "당신들은 나를 죽일 수는 있어도, 나의 사랑은 결코 꺾을 수 없을 것입니다."(최후진술 중) 사형을 구형받고 환히 웃던 그의 모습은 강렬한 울림을 남겼다. 결국 무기징역을 선고받고 34살의 나이에 1평 남짓한 감옥 독방에 갇혔다. 1993 옥중시집 『참된 시작』을 펴냈다. 1997 옥중에세이 『사람만이 희망이다』를 펴냈다. 1998 7년 6개월 만에 석방되었다. 이후 민주화운동가로 복권되었으나 국가보상금을 거부했다. 2000 "과거를 팔아 오늘을 살지 않겠다"며 권력의 길을 뒤로 하고, 비영리단체 〈나눔문화〉(www.nanum.com)를 설립해 '생명 평화 나눔'의 사상과 실천을 이어갔다. 2003 미국이 이라크 침공을 선포한 직후 "울고 있는 아이들 곁에 있어라도 주고 싶습니다"라며 이라크 전쟁터로 떠나 75일간 평화

활동을 펼쳤다. 2006 레바논 내 최대의 팔레스타인 난민촌 아인 알 할웨에 〈자이투나 나눔문화학교〉를 세웠다. 2010 팔레스타인·아체·쿠르드·수단·버마 등에서 평화나눔을 이어가며, 현장의 진실을 전하기 위한 절실한 필요로 카메라를 들었다. 낡은 흑백 필름 카메라로 기록한 사진을 모아 첫 사진전 「라 광야」展과 「나 거기에 그들처럼」展(세종문화회관)을 열었다. 12년 만의 시집 『그러니 그대 사라지지 말아라』를 펴냈다. 2012 나눔문화가 운영하는 〈라 카페 갤러리〉에서 박노해 사진전을 상설 개최하고 있다. 22번째 전시 동안 총 39만 명이 관람했다. 2014 10년이 지난 지금까지 기억되는 감동의 전시 「다른 길」展(세종문화회관)을 개최, 지구시대 좋은 삶의 원형을 담은 『다른 길』을 펴냈다. 2019 『하루』를 시작으로 '박노해 사진에세이' 6권, 2020 시 그림책 『푸른 빛의 소녀가』, 2021 『걷는 독서』, 2022 시집 『너의 하늘을 보아』, 2024 자전수필 『눈물꽃 소년』을 펴냈다. 감옥에서부터 30년간 써온 책, 우주에서의 인간의 길을 담은 사상서를 집필 중이다. '적은 소유로 기품 있게' 살아가는 삶의 공동체 〈참사람의 숲〉을 꿈꾸며, 오늘도 시인의 작은 정원에서 꽃과 나무를 기르며 새로운 혁명의 길로 나아가고 있다.

박노해의 걷는 독서 [f] parknohae [◎] park_nohae

다른 길

박노해 사진에세이: 티베트에서 인디아까지

개정판 4쇄 발행 2025년 2월 6일
초판 20쇄 발행 2020년 1월 16일
초판 1쇄 발행 2014년 2월 1일

사진·글 박노해
편집 김예슬 윤지영
디자인 홍동원
제작 윤지혜 홍보 이상훈

종이 월드페이퍼 인쇄 천광인쇄사
후가공 이지앤비 제본 광성문화사

발행인 임소희 발행처 느린걸음
출판등록 2002.3.15 제300-2009-109호
주소 서울시 종로구 사직로8길 34, 330호
전화 02-733-3773
이메일 slow-walk@slow-walk.com
인스타그램 @slow_walk_book

*인용 출처
P35 헨리 나우웬 P35 이반 일리치 P55 E.F. 슈마허
P63 중남미 동요 P295 테레사 수녀에게서 일부 따옴.

*저작물 이용은 도서출판 느린걸음으로 문의주세요.